Andrew E. Bennett

ベネット先生の
イラスト付き
語源で一気にマスター
英単語

【接頭辞】
【接尾辞】
まとめ編

南雲堂

まえがき

　本書『語源で一気にマスター英単語＜接頭辞・接尾辞まとめ編＞』は、接頭語・接尾語の学習を通してみなさんの語彙力を強化することを目指しています。その知識は、英語でのコミュニケーションだけでなく、TOEICやTOEFL、IELTSなどの英語検定試験の準備にも大いに役立ちます。なぜなら、こうした試験でよく見かけるような、字数が多くて難易度が高い単語は、いくつかの部分に分解することができるからです。そうすることで、知らない単語でもその意味を推測しやすくなります。接頭語・接尾語の知識を増やせば増やすほど、あなたの推測力は高まります。

　本書には、よく使われる100の接頭語と100の接尾語を収録しています。合わせて200の項目は、日常英語で使われている多くの単語に含まれているものです。それぞれの項目について、5つの単語が例としてリストアップされています。したがって、本書では合計1,000語の語彙が紹介されていることになります。その多くは、英語の検定試験にかなりよく登場するものです。

　例として取り上げた単語には、発音記号、品詞の種類、そして和訳が付けられています。また、接頭語の章では、1つの単語をいくつかの要素に分解して解説を加え、その中でも重要な要素については参照番号を付けて、関連するページをすぐに参照できるようにしています。さらに、各単語が実際の文脈の中でどのように使われるのかを示すために、例文とその和訳を掲載しています。多くの単語には、その同意語や反意語、追加情報も示しています。

　掲載されている接頭語のうち、30項目についてはその意味の理解を助けるためのイラストを掲載しました。外国語の新しい単語を覚えるには、文字によるヒントや情報以外の助けも必要です（実際、外国語の習得には、生の会話や視覚、聴覚などをフルに活用する必要があります）。イラストという視覚情報によって私たちの脳は異なる刺激を受け、記憶をより強く定着させることができます。

　それぞれのイラストは1つの場面を描いたもので、ユーモアに満ちておかしいだけではなく、それぞれの接頭語のイメージが強く記憶に残るように工夫されています。イラストが表している意味を考えるだけでなく、それを見ながら無料音声をダウンロードして単語と例文を聞くようにすると、より強く記憶に定着するでしょう。

　接頭語の章では、10項目ごとに2ページにわたって復習用の練習問題が用意されています。この問題に取り組むことで、学習した単語を別の例文の中でもう一度確認することができます。意味が不確かな単語については、前に学習したペー

ジに戻ってその意味をしっかりと覚えるようにするとよいでしょう。

　このようにして本書を読み、例文の音声を聞き、イラストを見て考え、和訳で意味を確認し、最後の練習問題をすることで、あなたの持つさまざまな感覚からのインプットを行うことができます。この「言語習得の複数のチャンネル」を活用することで、あなたの語彙は増え、全般的な英語力を高めることができるでしょう。

　本書の具体的な学習方法としては、10 の項目とそれに続く練習問題をワンセットとして、自分なりのスケジュールで読み進めるのがよいでしょう。1、2 カ月後にTOEICのテストを控えているという人ならば、少しがんばって、ワンセットを 1 日か 2 日で終えるとよいかもしれません。

　もちろん、反復学習は大事です。そのためにも、練習問題の回答は鉛筆で記入するか、別紙を用意するとよいでしょう。ワンセットの学習を終えたら、2、3 日後にもう一度読み返してみることをおすすめします。そして、1、2 週間後に 3 回目の復習をするとさらに効果的です。

　このように次第に間隔を延ばしながら繰り返し学習することは、語彙の学習にはとても有効な方法です。忘れてしまったことを思い出すとともに、覚えたことの記憶をさらに強く定着させることができます。

　英語の試験が数カ月先であったり、あなたの目標が英語力全般をゆっくりと着実に伸ばすことであったりするならば、もっと余裕のあるペースで学習してもよいでしょう。その場合でも、一定のスケジュールを立てておくことが重要です。例えば、ワンセットを 1 週間で終えるようにしてみましょう。ただし、そのあとの数週間のうちに間隔を置いて 2、3 回復習をするのが効果的です。

　本書の完成にあたり、私はすばらしいチームに恵まれました。南雲堂の加藤敦氏には正確で綿密な編集にご尽力をいただき、小宮徹氏には卓越した日本語での訳文を提供していただきました。両氏の多大なる貢献に感謝を捧げます。

　読者のみなさんの目標と学習スケジュール・方法は、それぞれ異なると思いますが、本書を楽しみながら読んでいただければ幸いです。本書が、あなたの英語力を高める一助となることを願っております。

アンドルー・E・ベネット

＊学習に便利な付属音声ダウンロード（MP3 形式）は以下のサイトへアクセスして下さい。
DL-MARKET　　http://www.dlmarket.jp/
『語源で一気にマスター英単語』でサイト内検索！

English Word Parts
Contents

Prefixes:

001 a-	023 cor-	045 im-
002 ab(s)-	024 counter-	046 in-
003 aer(o)-	025 de-	047 inter-
004 af-	026 di-, dicho-	048 intra-
005 ambi-	027 dia-	049 ir-
006 amphi	028 dis-	050 iso-
007 an(a)-	029 dys-	Review Section 05
008 ante-	030 em-	
009 anti-	Review Section 03	051 kilo-
010 auto-		052 macro-
Review Section 01	031 en-	053 mal-
	032 endo-	054 mega-
011 be-	033 epi-	055 meso-
012 bene-	034 eu-	056 meta-
013 bi-	035 ex-	057 micro-
014 by-	036 exo-	058 milli-
015 cata-	037 extra-	059 mis-
016 centi-	038 for-	060 mono-
017 circum-	039 fore-	Review Section 06
018 co-	040 hetero-	
019 col-	Review Section 04	061 multi-
020 com-		062 neo-
Review Section 02	041 homo-	063 non-
	042 hyper-	064 ob-
021 con-	043 hypo-	065 omni-
022 contra-	044 ig-	066 over-

5

067	paleo-
068	pan-
069	para-
070	per-

Review Section 07

071	peri-
072	poly-
073	post-
074	pre-
075	pro-
076	proto-
077	pseudo-
078	quadr(i), quart-
079	re-
080	retro-

Review Section 08

081	se-
082	self-
083	semi-
084	step-
085	sub-
086	super-
087	supra-
088	sur-
089	sus-
090	sym-

Review Section 09

091	syn-
092	tele-
093	trans-
094	tri-
095	ultra-
096	un-
097	under-
098	uni-
099	vice-
100	with-

Review Section 10

Suffixes:

Nouns

101	-ace
102	-acle
103	-acy
104	-age
105	-ain
106	-ain
107	-al
108	-al
109	-an
110	-ance
111	-ant
112	-ant
113	-ary
114	-ary
115	-dom
116	-ee

117	-eer
118	-el
119	-ence
120	-ent
121	-ent
122	-er
123	-er
124	-ery
125	-ese
126	-ess
127	-ette
128	-hood
129	-ia
130	-ic
131	-ics
132	-ie
133	-ing
134	-ing
135	-ion
136	-ish
137	-ism
138	-ist
139	-ity
140	-ium, -um
141	-ive
142	-let
143	-logy
144	-man
145	-ment
146	-ness

147	-oon
148	-or
149	-or
150	-ory
151	-osis
152	-ship
153	-ty
154	-ule
155	-ure
156	-y

Verbs

157	-ate
158	-en
159	-er
160	-fy, -ify
161	-ish
162	-ize
163	-sh

Adjectives

164	-able
165	-al
166	-an
167	-ant
168	-ar
169	-ary
170	-ate
171	-ed
172	-en
173	-ent
174	-ern
175	-ful
176	-i
177	-ial
178	-ible
179	-ic
180	-id
181	-ile
182	-ing
183	-ior
184	-ish
185	-ite
186	-ite
187	-ive
188	-like
189	-ous
190	-proof
191	-que
192	-some
193	-ual
194	-y

Adverbs

195	-ably
196	-ibly
197	-ly
198	-wards
199	-ways
200	-wise

7

001　a-　無、無い

○ **amoral** [eimɔ́:rəl]　　　(adj.) 節操のない、道徳性のない
a + mor + 165 al
無　習慣　　形

> People who **are amoral** don't have any moral beliefs.

節操のない人は、いかなる道徳的信念も持っていない。

○ **apathy** [ǽpəθi]　　　(n.) 無関心、無気力
a + path + 156 y
無　感覚　　名

> Voters' **apathy** led to a low election turnout.

有権者の無関心が、選挙の低い投票率につながった。
　■ 用法：feel apathy towards ...　…に対して冷淡だ
　■ 類語：indifference [indífərəns]　無関心

☐ **asexual** [eisékʃəl]　　　(adj.) 無性生殖の
a + sex + ₁₉₃ ual
無　　性別　　形

Asexual organisms don't need a mate to reproduce.

無性生殖の生物は、繁殖するための相手を必要としない。
　■ 参考：asexual reproduction　無性生殖

☐ **atheist** [éiθiist]　　　(n.) 無神論者、不信心者
a + the + ₁₃₈ ist
無　　神　　名（人）

Greg says he is an **atheist**, but I've seen him at church.

グレッグは自分が無神論者だと言うが、私は彼を教会で見たことがある。

☐ **atypical** [eitípikəl]　　　(adj.) 例外的な、型にはまらない
a + typ(e) + ical
無　　典型　　形

I'd say Lisa is **atypical** of most college students, since she rarely goes out with friends.

リサは、ほとんどの大学生と比べて例外的だと思う。彼女は友人とめったに外出しないからだ。

002　ab(s)-　離れて

☐ **abnormal** [æbnɔ́ːrməl]　　(adj.) 異常な、常軌を逸した
ab + norm + 165 al
離れて　基準　形

A person with an **abnormal** personality can be hard to get along with.

常軌を逸した性格の人とは、仲よく付き合っていくのは難しいだろう。
■類語：irregular [irégjulər]　不規則な、変則の／ exceptional [iksépʃənl]　異例の（良い意味で使われることが多い）

☐ **abrupt** [əbrʌ́pt]　　(adj.) 突然の、不意の、無愛想な
ab + rupt
離れて　破れる

The business owner's **abrupt** decision to declare bankruptcy came as a big shock.

その企業の経営者による突然の破産宣言は、大きな衝撃を与えた。
■類語：sudden [sʌ́dn]　突然の（abrupt と異なり、予測されていたことを含み、不快さのニュアンスはない）

☐ **absolve** [æbzálv]　　(v.) 免除する、無罪にする
ab + solve
離れて　解き放つ

This document **absolves** you of your guilt.

この文書は、あなたを罪から免れさせてくれる。
■用法：absolve 人 from [of] ...　（人を）…から免れさせる

○ **abstain** [æbstéin]　　　　(v.) (不健康な行為・快楽を) 控える、自制する
abs + tain
離れて　保つ

> In some religions, people must **abstain** from drinking alcohol.

いくつかの宗教では、人々は飲酒を控えなければならない。
■用法：abstain from -ing　…することを控える

○ **abuse**　　　　(v.) [əbjúːz] 乱用する、虐待する　(n.) [əbjúːs] 乱用、虐待
ab + use
離れて　利用する

> The new system was **abused** by too many people, so it was changed.

新しいシステムは、あまりにも多くの人々によって乱用されたので変更された。

003 aer(o)- 空気、空の

☐ **aerobics** [ɛəróubiks]　　　(n.) エアロビクス
aero + bi(o) + ₁₃₁ (i)cs
空気　　生命　　　名(原理)

> By following an **aerobics** program for six weeks, Susan was able to get into good shape.

6週間のエアロビクスのプログラムを続けることで、スーザンは体調を整えることができた。

☐ **aerodrome** [ɛ́(:)ərədròum]　(n.) 飛行場、空港
aero + drome
空の　　走る

> The **aerodrome** is able to hold 12 planes.

その飛行場は 12 機の飛行機を止めておくことができる。
　■注意：airdrome [ɛ́ərdròum] ともつづられる。

☐ **aeroembolism** [ɛ̀ərouémbəlìzm]　　　(n.) 空気塞栓症
aero + embol + ₁₃₇ ism
空気　　栓　　名(状態)

> The doctors confirmed the woman had suffered an **aeroembolism**.

医師は、その女性が空気塞栓症を起こしていたことを確認した。
　■類語：embolism [émbəlìzm] （血管）塞栓症

☐ **aeronautics** [ὲərənɔ́:tiks]　(n.) 飛行術、航空学
aero + naut + 131 ics
空の　　　船　　　名(術)

Aeronautics requires knowledge of several scientific disciplines.

航空術には、いくつかの科学分野の知識が必要だ。
- ■ 類語：aviation [èiviéiʃən]　飛行術、航空学
- ■ 注意：s が付いているが単数扱い。

☐ **aerosphere** [ὲərəsfíər]　　(n.) 大気圏
aero + sphere
空気　　　球体

Scientists say certain elements are common in the **aerosphere**.

科学者たちは、大気圏では特定の元素が多く存在すると言っている。

004　af-　…に、…へ、…の方へ

☐ **affect** [əfékt]　　　　　　　(v.) 影響を及ぼす、悪影響を与える
af + fect
…に　行う

> Many economic factors can **affect** stock prices.

さまざまな経済的な要因が、株価に影響を与える可能性がある。
　　■類語：influence [ínfluəns]　影響する、感化する
　　■注意：名詞の effect [ifékt]（結果、影響）と混同しないこと。

☐ **affix**　　　　　(v.) [əfíks] 貼り付ける、添付する　(n.) [ǽfiks] 付加物、接頭辞
af + fix
…へ　縛る

> After you **affix** the hook to the wall, wait a few hours before hanging the picture.

壁にフックを貼り付けたあと、絵を掛ける前に2、3時間ほど待ちなさい。
　　■用法：affix A to B　B に A を貼り付ける

☐ **affluent** [ǽfluənt]　　　　　(adj.) 裕福な、豊富な　(n.) 金持ち
af + flu + 173 ent
…へ　流れる　　形

> Most families in this area are **affluent**.

この地域のほとんどの家庭は裕福だ。
　　■類語：abundant [əbʌ́ndənt]　豊富な、あり余るほどの

◯ **afford** [əfɔ́rd]　　　　　(v.) 経済的な余裕がある、…できる
af + ford
…へ　進める

> Are you sure we can **afford** such an expensive car?

あなたは、私たちがそのような高価な車を買うことができると本当に思うのですか。

■ 用法：しばしば can, could, be able to などの否定形とともに用いられ、その場合は「…できない、…する余裕がない」という意味となる。

◯ **affront** [əfrʌ́nt]　　　　(n.) 無礼な言動　(v.) わざと侮辱して怒らせる
af + front
…へ　顔

> Military experts are discussing how best to respond to the most recent **affront** by the enemy.

軍事専門家たちは、敵による最近の侮辱的行為にどのように対応するのが最善なのか議論している。

■ 用法：an affront to ...　…に対する侮辱

005　ambi-　周り、両方

○ **ambiance** [ǽmbiəns]　　(n.) 雰囲気、環境
ambi + 110 ance
周り　　　名

> The best thing about this restaurant is the **ambiance**.

このレストランの最もよいところは、その雰囲気だ。
　■注意：ambience とつづられることもある。

○ **ambidextrous** [æmbidékstrəs]　　(adj.) 両手利きの、とても器用な
ambi + dextr + 189 ous
両方　熟練した　　形

> **Ambidextrous** people can write with either hand.

両手利きの人は、どちらの手でも文字を書くことができる。

16

◯ **ambient** [ǽmbiənt]　　　(adj.) 周囲の、環境の
ambi + 173 ent
　周り　　　形

> The **ambient** noise in a crowded city is sometimes over 100 decibels.

人口密度の高い街では、周囲の騒音はときどき 100 デシベルを上回る。
■ 類語：surrounding [səráundiŋ]　周囲の

◯ **ambition** [æmbíʃən]　　　(n.) 野心
ambi + (i)t + 135 ion
　周り　行く　名

> If you don't have any **ambition**, it will be hard to accomplish anything.

あなたが何も野心を持っていなければ、何かを達成するのは難しいだろう。
■ 用法：achieve [fulfill] one's ambitions　野心を遂げる
■ 起源：古代ローマで、名誉職に就きたい者が町中を歩き回って人々に投票を訴えたことから

◯ **ambivalent** [æmbívələnt]　　　(adj.) (態度・意味が) あいまいな、どっちつかずの
ambi + val + 173 ent
　両方　価値ある　形

> I'm still **ambivalent** about how to respond to the company's offer.

私はまだ、その企業からの申し出にどう返事をするか態度を決めかねている。

006 amphi-　周囲、両方、両側

○ **amphibian** [æmfíbiən]　　(n.) (adj.) 両生類（の）、水陸両用（の）
amphi + bi(o) + ₁₀₉ an
　両方　　　生命　　　形

> The creature is an **amphibian**, so it can survive on land and in water.

その生物は両生類なので、陸上でも水中でも生きていくことができる。

○ **amphibiology** [æ̀mfibiálədʒi]　　(n.) 両生類学
amphi + bio + ₁₄₃ logy
　両方　　生命　　名(学)

> Terrance loves turtles, so he wants to study **amphibiology**.

テランスはカメが大好きなので、彼は両生類学を勉強したいと考えている。
　　■類語：biology [biálədʒi]　生物学

○ **amphibious** [æmfíbiəs]　　(adj.) 水陸両用の、水陸両生の
amphi + bi(o) + ₁₈₉ ous
　両方　　生命　　　形

> The **amphibious** vehicle can go through rivers and then continue on land.

水陸両用車は、川を通行したあとで陸上でも走り続けることができる。

18

○ **amphiboly** [æmfíbəli]　　(n.) 文が意味不明なこと、あいまい性
amphi + boly
　両方　　投げる

> The teacher advised the student to clarify the **amphibolies** in his writing.

先生は学生に、彼が書いた文章の中のあいまいな部分を明確にするようアドバイスした。

○ **amphitheater** [ǽmfəθìːətər]　　(n.) 野外劇場、円形競技場
amphi + theater
　両方　　劇場

> This year, the **amphitheater** will host 10 concerts.

今年は、その野外劇場で 10 のコンサートが開催される。
　■起源：両側に観客席のある古代ギリシアの劇場から

007　an(a)-　反対、無…

○ **anachronistic** [ənǽkrənístik]　　(adj.) 時代錯誤の
ana + chron + istic
反対　　時間　　　形

Historians agree that **anachronistic** theories distort the truth about the past.

歴史家たちは、時代錯誤の理論が過去の事実を歪めるということで意見が一致している。

○ **anarchy** [ǽnərki]　　(n.) 無政府状態、混乱状態
an + arch + 156 y
無　　支配者　　名(状態)

Large societies are unable to exist for long periods in **anarchy**.

大きな社会は、無政府状態では長期間にわたって存続することができない。
　■類語：lawlessness [lɔ́:lisnis]　無法状態

○ **anesthesia** [ǽnəsθí:ʒə]　　(n.) 麻酔、無感覚
an+ (a)esthes + 129 ia
無　　感覚　　　名(病気)

Before a serious operation, **anesthesia** is given to a patient.

重大な手術の前には、麻酔が患者に施される。
　■用法：local [general] anesthesia　局部[全身]麻酔
　■注意：anaesthesia とつづられることもある。

☐ **anomaly** [ənáməli]　　　(n.) 例外、異例な人［もの］
an + omal + 156 y
無　　平らな　　名(状態)

> The spike in sales numbers is probably an **anomaly**.

その売上高の突出は、たぶん例外的な現象だ。
　■類語：abnormality [æbnɔːrmǽləti]　異常、変則

☐ **anonymous** [ənánəməs]　(adj.) 匿名の、無名の
ano + nym + 189 ous
無　　名前　　形

> On the Internet, many people's identities are **anonymous**.

インターネット上では、多くの人々の素性は名前が伏せられている。

008　ante-　前の

☐ **antecedent** [æntəsíːdnt]　　(n.) 前任者、先祖、履歴、前例
ante + ced + 121 ent　　　　　(adj.) 前の、先行する
前の　　行く　　　名

> The new CEO doesn't care about the way his **antecedents** ran the company.

新しい最高経営責任者（CEO）は、彼の前任者が会社を運営していた方法には関心がない。
　　■注意：「先祖、履歴」の意味で使う場合は、複数形をとる。

☐ **antedate** [æntidèit]　　(v.) …の前に起こる、…に先行する
ante + date
前の　　日付

> The warehouse fire **antedates** the changes made to the fire safety codes.

その倉庫火災は、火災安全基準に変更が加えられる前に起こっている。
- ■類語：precede [prisíːd]　…に先立つ、…より前に起こる
- ■反意語：postdate [pòustdeit]　…の後に起こる

☐ **antelucan** [æntilúkən]　　(adj.) 夜明け前の、未明の
ante + luc + ₁₆₆ an
　前の　　　光　　　　形

The **antelucan** meeting was held two hours before dawn.

その深夜集会は夜明けの2時間前に開かれた。

☐ **anterior** [æntíəriər]　　(adj.) 前面の、…より前の
ante + ₁₈₃ rior
　前の　　形（比較級）

The **anterior** parts of the house are decorated in a Victorian style.

その家の前面の部分は、ビクトリア朝のスタイルで装飾されている。
- ■用法：ages anterior to any historical records　有史以前
- ■反意語：posterior [pɑstíəriər]　…よりあとの

☐ **anteroom** [ǽntirùːm]　　(n.) 控えの間、待合室
ante + room
　前の　　部屋

While the guests waited in the **anteroom**, the host prepared to receive them.

来客が控室で待っている間、主人が彼らを出迎える準備をした。

009 anti-　反対、抵抗

○ **anticlimax** [æ̀ntikláimæks]　　　(n.) 期待はずれのこと、竜頭蛇尾
anti + climax
反対　　頂点

> Critics agreed the movie's conclusion was an **anticlimax**.

批評家たちは、その映画の結末は期待はずれだったという意見で一致した。

■反意語：climax [kláimæks]　最高潮

○ **antidote** [ǽntidòut]　　　(n.) 解毒剤、対抗手段
anti + dote
抵抗　　与える

> After several months, researchers developed an **antidote** to the poison.

数カ月後、研究者たちはその毒の解毒剤を開発した。

■用法：an antidote against [for/to] ...　…に対する防御手段

○ **antihistamine** [æ̀ntihístəmin]　　　(n.) 抗ヒスタミン剤
anti + histamine
抵抗　　ヒスタミン

> When the pollen count is high, many people take medicine that includes **antihistamines**.

花粉の量が多いとき、多くの人々は抗ヒスタミン剤を含む薬を服用する。

■類語：histamine [hístəmìn]　動植物の組織中にあるアミン化合物で、外部からの刺激により細胞外へ一過的に放出される。

◯ **antipathy** [æntípəθi]　　　(n.) 反感、嫌悪
anti + path + 156 y
反対　　感覚　　名（状態）

> The politician could not hide his **antipathy** towards his opponent.

その政治家は彼の敵対者に対する反感を隠すことができなかった。
　　■ 用法：have antipathy to [towards] ...　…に反感をもつ
　　■ 反意語：sympathy [símpəθi]　同情、共感

◯ **antiperspirant** [æntipə́:spərənt]　　　(n.) 制汗剤
anti + 070 per + spir + 112 ant
抵抗　　通して　　息をする　　名（剤）

> If you are going to work out, a strong **antiperspirant** can keep you smelling good.

あなたがトレーニングをするつもりなら、強力な制汗剤を使うとよい香りを保つことができる。

25

010 auto-　自分の、自動の、自然な

☐ **autoclave** [ɔ́:təklèiv]　　(n.) 圧力釜、高圧消毒器
auto + clave
　自分　　カギ

> An **autoclave** is an essential piece of equipment for many scientists.
>
> 圧力釜は、多くの科学者にとって必要不可欠の装置だ。

☐ **automated** [ɔ́:təmèitid]　(adj.) 自動化された
auto + mat + 171 ed
　自動　　動く　形（された）

> These days, a lot of factory operations are **automated**.
>
> 最近では、工場での作業の多くが自動化されている。

☐ **automatic** [ɔ̀:təmǽtik]　　(adj.) 自動式の、機械的な　(n.) 自動機械
auto + mat + 179 ic
　自動　　動く　形

> This washing machine is fully **automatic**.
>
> この洗濯機は全自動だ。

　　■反意語：manual [mǽnjuəl]　手動式の、人力を要する

○ **automaton** [ɔːtɑ́mətàn]　　(n.) ロボット、機械的に行動する人
auto + mat + on
　自動　　動く　名(人)

> Since Joe does the same type of work every day, he sometimes feels like an **automaton**.

ジョーは毎日同じような仕事をしているので、彼はときどき自分がロボットになったように感じている。
　■類語：robot [róubət]　ロボット、自動装置

○ **automobile** [ɔ̀ːtəməbíːl]　　(n.) 自動車
auto + mob + ile
　自動　　動く　できる

> The invention of the **automobile** changed the way we live, work, and play.

自動車の発明は、私たちの生活、仕事、遊び方を変えた。
　■類語：car [káːr]　自動車

Review Section 01 Items 001-010

A それぞれの文を完成させるために最も適した単語を選びなさい。

> atypical　　abrupt　　amphibian
> anteroom　　automaton　　affix

1. The actor is known for performing like an _____ , showing little emotion.
2. There is usually a couch or two in a doctor office's _____ .
3. Use this tape to _____ the poster to the wall.
4. You should hold onto the pole in case the train comes to an _____ stop.
5. That was very _____ behavior for my niece. I've never seen her act so rudely.
6. The exhibit has rare _____ species from three rainforests.

B イタリックで示した単語と同じ意味となる語句を選びなさい。

1. The *aerodrome* is being built one kilometer from the firm's headquarters.
   A. air traffic control center
   B. place for housing airplanes
   C. airport management office
2. How can you feel *apathy* towards such an important issue?
   A. lack of interest
   B. sense of pride
   C. source of knowledge
3. The *amphibious* car is expected to be popular in coastal areas.
   A. able to fly short distances
   B. getting good gas mileage
   C. used on land and water

4. The letter was sent by an *anonymous* staff member, but we think it was someone from accounting.
   A. bold
   B. frustrated
   C. unknown
5. The manager's *antecedent* was known for being strict with employees.
   A. someone who came before
   B. clear set of rules
   C. excuse for doing something
6. It's one thing to feel *antipathy* towards criminals. It's quite another to try to catch them as if you were a police officer.
   A. justice
   B. dislike
   C. unrest

C それぞれの文が正しければ **T(True)** を、誤っていれば **F(False)** を○で囲みなさい。

1. **T / F** Someone who is affluent probably has trouble paying his monthly electricity bill.
2. **T / F** An ambivalent consumer has a hard time making decisions about purchases.
3. **T / F** Patients are given anesthesia to help them think and feel more clearly.
4. **T / F** Automated doors open and close by themselves.
5. **T / F** Atheists have deep religious beliefs and often go to church.
6. **T / F** When you abstain from alcohol, you drink once in a while, but not too often.

Review Section 01　Items 001-010

A
1. その俳優は、ほとんど感情を示さず<u>ロボット</u>のように演技をすることで知られている。**(automaton)**
2. 医院の<u>待合室</u>には、たいてい１つか２つのソファが置いてある。**(anteroom)**
3. そのポスターを壁に<u>貼る</u>には、このテープを使いなさい。**(affix)**
4. 列車が<u>急停止</u>することもあるから、ポールをつかんでいなさい。**(abrupt)**
5. 私の姪としては、それは非常に<u>例外的</u>な振る舞いだ。私は、彼女がそんなに失礼な行動をとるのを見たことがない。**(atypical)**
6. 展示されていたものには、３つの熱帯雨林からの珍しい<u>両生類</u>があった。**(amphibian)**

B
1. 飛行場は、その会社の本部から１キロのところに建設されている。
    A. 航空交通管制部
    B. 飛行機を駐機する場所　○
    C. 空港の管理事務所
2. あなたは、どうしてそんな重要な問題に対して無関心でいられるのですか。
    A. 興味の欠如　○
    B. 自尊心
    C. 情報源
3. その水陸両用車は、沿岸地域で人気になることが予想される。
    A. 短い距離を飛ぶことができる
    B. 燃費がよい
    C. 陸上と水上で使われる　○
4. その手紙は名前のわからないスタッフによって送られたが、私たちはそれが経理部の誰かだったと思う。
    A. 勇敢な
    B. イライラした
    C. 不明の　○
5. そのマネージャの前任者は、従業員に対して厳しいことで知られていた。
    A. 前に来ていた人　○
    B. 明快な規則
    C. 何かをするため言い訳
6. 犯罪者に対して反感を感じることもあるだろう。しかし、自分が警察官であるかのように、彼らを捕まえようとすることは、まったく別のことだ。
    A. 正義
    B. 嫌悪　○
    C. 不安

C
1. 裕福な人は、おそらく毎月の電気代の支払いに苦労している。**(F)**
2. 決断力のない消費者は、買い物について決心することが難しい。**(T)**
3. 患者は、よりはっきりと考えたり感じたりできるように麻酔を与えられる。**(F)**
4. 自動ドアは、ひとりでに開いたり閉まったりする。**(T)**
5. 無神論者は、深い宗教的信念を持っており、よく教会に行く。**(F)**
6. アルコールを断つということは、たまには飲むが、あまり頻繁に飲まないということだ。**(F)**

011 be-　…させる、離す

○ **befall** [bifɔ́ːl]　　　　(v.) 降りかかる、起こる
be　 + fall
…させる　落ちる

In the story, many terrible things **befall** the hero.

その物語では、数々の恐ろしいことが主人公に降りかかる。
■類語：overtake [òuvərtéik]　不意に襲いかかる、急に迫る

○ **befriend** [bifrénd]　　(v.) 味方になる、友人になる、助ける
be　 + friend
…させる　友人

Tina **befriended** her shy classmate.

ティナは、内気な同級生の味方をした。
■類語：make friends with …　…と友人になる

○ **behold** [bihóuld]　　　　(v.) じっくり見る、眺める
be　＋ hold
…させる　保つ

> At night, the pyramids of Egypt are quite a sight to **behold**.

夜になると、エジプトのピラミッドはじっくり見物するのにとてもすばらしい景色だ。

○ **belittle** [bilítl]　　　　(v.) けなす、軽視する
be　＋ little
…させる　小さい

> I didn't mean to **belittle** Sara with my comments.

私は、自分の発言でサラをけなすつもりはありませんでした。
　■類語：minimize [mínəmàiz]　最小限度に抑える、軽視する、みくびる

○ **behead** [bihéd]　　　　(v.) 打ち首に処する
be ＋ head
離す　　頭

> The spy was captured, declared an enemy of the state, and **beheaded** in the public square.

そのスパイは捕らえられ、国家の敵だと宣告され、公共の広場で打ち首にされた。

012 bene-　善い

◯ benediction [bènədíkʃən]　(n.) 祝福、感謝の祈り
bene + dict + 135 ion
善い　　言う　　名

> Upon its opening, the temple received a formal **benediction** from the priest.

落成時に、その礼拝堂は司祭からの正式な祝福を受けた。

■反意語：malediction [mælədíkʃən]　呪い、中傷、悪口

◯ benefactor [bénəfæktər]　(n.) 恩人、後援者
bene + fact + 148 or
善い　　する　　名(人)

> The university's **chief benefactor** is a wealthy businessperson.

その大学の筆頭の後援者は、裕福な実業家だ。

■類語：patron [péitrən]　ひいき、後援者、保護者

◯ beneficent [bənéfəsənt]　(adj.) 慈善心に富む、親切な
bene + fic + 173 ent
善い　　する　　形

> The wealthy man's **beneficent** legacy includes a gift of one million dollars to an orphanage.

その資産家が遺した慈善のための遺産には、孤児院への100万ドルの寄贈が含まれている。

■反意語：maleficent [məléfəsənt]　有害な、悪意に満ちた

○ **benefit** [bénəfit]　　(v.) 恩恵［利益］を与える［受ける］、得をする
　　　　　　　　　　　　(n.) 便宜、利益、給付金
bene + fit
善い　する

About twenty percent of all taxpayers are expected to **benefit** from the revised laws.

すべての納税者のうち、約２割が改正法の恩恵を受けることになっている。

○ **benevolent** [bənévələnt]　(adj.) 情け深い、善意ある
bene + vol + 173 ent
善い　望む　　形

I could tell from Mr. Nakamura's eyes that he was a **benevolent** man.

中村さんの目を見ると、私は彼が情け深い男だと断言できる。

■類語：benign [bináin]　親切な、優しい、良性の

013 bi-　二、両方

☐ **bicycle** [báisikl]　　　(n.) (v.) 自転車（に乗る）
bi + cycl + (l)e
二　　円　　名(道具)

> Riding a **bicycle** to work is good exercise, and it is good for the environment.

会社まで自転車で通勤するのはよい運動で、それは環境にもやさしい。

☐ **bifurcate** [báifərkèit]　　(v.) 二またに分かれる、分岐する
bi + furc + 157 ate
二　　交差　　動

> The road **bifurcates** at a point up ahead.

その道は、この先で二またに分かれる。
　■類語：fork [fɔ́ːrk]　分岐する

☐ **bilateral** [bailǽtərəl]　　(adj.) 二国間の、両側の
bi + later + 165 al
二　　側面　　形

> **Bilateral** talks between the countries are expected to resume tomorrow.

その国々の二国間協議は、明日には再開すると期待されている。
　■反意語：unilateral [jùːnilǽtərəl]　一方的な、一面のみの

◯ **bimonthly** [baimʌ́nθli]　　(adj.) (adv.) 隔月の［に］　(n.) 隔月刊誌
bi + month + ₁₉₇ ly
二　　月　　　形

> This magazine is published on a **bimonthly** basis.

この雑誌は隔月の単位で発行されている。

■参考：semimonthly [sèmimʌ́nθli]　月二回の、月二回の刊行物

◯ **biped** [báiped]　　　　　(n.) 二足動物　(adj.) 二足の
bi + ped
二　　脚

> Penguins are a type of **biped**.

ペンギンは二足動物の一種だ。

014 by-   …による、付随的な、そばの

○ **byline** [báilàin]　　　(n.)（新聞・雑誌で）筆者名を記す行
by　＋ line　　　　　　　(v.) 署名記事を書く
…による　行

> When I read the **byline**, I was truly shocked by the name I saw.

その筆者名の行を読んだとき、私はそこで目にした名前にとてもショックを受けた。
　■ 類語：byliner [báilàinər]　署名記事を書く記者
　■ 起源：新聞や雑誌で、記事のタイトルの近くに by …と筆者名が示されることから。

○ **bypass** [báipæs]　　　(n.) バイパス、自動車専用の迂回路
by ＋ pass　　　　　　　(v.) 迂回する、無視する
付随的　歩み

> The new **bypass** is expected to reduce the city's traffic congestion.

新しいバイパス道路は、市内の交通渋滞を緩和してくれると期待されている。
　■ 類語：bypath [báipæθ]　脇道、私道

○ **byproduct** [báiprɑ̀dʌkt]　　(n.) 副産物、副作用
by ＋ 075 pro ＋ duct
付随的　　前へ　　導く

> Some industrial operations result in waste **byproducts** that must be carefully disposed of.

生産活動の一部は、慎重に処分しなければならない廃棄物という副産物をもたらす。
　■ 類語：outgrowth [àutgróuθ]　副産物、付随的な結果

◯ **bystander** [báistændər]　　(n.) 傍観者、見物人
by + stand + ₁₂₂ er
そばの　立つ　　名(人)

> As the house burned down, **bystanders** could only helplessly watch.

その家が全焼したとき傍観者は、なすすべもなく見守ることしかできなかった。

■ 類語：onlooker [ónlùkər]　見物人、傍観者

◯ **byword** [báiwə̀:rd]　　(n.) 決まり文句、ことわざ
by + word
付随的　言葉

> "Cost effective" has become a **byword** for most companies.

「費用対効果」という言葉は、ほとんどの企業にとって決まり文句となっている。

015　cata-　下へ

□ **catacomb** [kǽtəkòum]　　(n.) 地下墓地、地下通路
cata + comb
下へ　　くぼみ

> Beneath Paris, there are extensive **catacombs** which were once used as cemeteries.

パリの下には、かつて墓地として使われた大規模な地下墓地がある。
　■注意：通常 catacombs と複数形で使われる。

□ **catalog** [kǽtəlɔ̀ːg]　　(n.) カタログ、一覧表
cata + log
下へ　数える

> The prices are all listed at the back of the **catalog**.

価格はすべてのカタログの裏に記載されている。
　■類語：directory [diréktəri]　名簿、要覧

☐ **catalyst** [kǽtəlist]　　　(n.) 触媒、促進するもの
cata + lyst
下へ　分解する

> Once the **catalyst** is added, a powerful chemical reaction will take place.

触媒が加えられると、激しい化学反応が起こるだろう。
　■類語：accelerator [æksélərèitər]　促進剤、加速装置

☐ **catapult** [kǽtəpʌ̀lt]　　　(n.) 投石機、(空母の) 飛行機射出機　(v.) 急に動く
cata + pult
下へ　投げる

> Hundreds of years ago, **catapults** were used in attacks on castles.

数百年前には、投石機が城への攻撃に使われた。

☐ **cataract** [kǽtərækt]　　　(n.) 白内障、大滝、大雨、洪水
cata + ract
下へ　打つ

> The doctors successfully operated on the old woman's **cataracts**.

医師は、その老婦人の白内障をうまく手術した。
　■類語：cascade [kæskéid]　滝
　■語源：滝などの勢いよく落ちる水が透明ではなく、白く見えることから

016 centi-　百、100 分の 1

◯ **centigrade** [séntəgrèid]　(adj.) 百分度の、摂氏の
centi + grade
1/100　　度

> When the temperature goes beyond 35 degrees **centigrade**, I prefer staying inside.

気温が摂氏 35 度を超えたときは、私は家の中にとどまっていたい。
■類語：Celsius [sélsiəs]　摂氏の（Fahrenheit [fǽrənhàit]　華氏の）

◯ **centigram** [séntəgræ̀m]　(n.) センチグラム
centi + gram
1/100　　グラム

> The herbs weigh 75 **centigrams**.

そのハーブは、75 センチグラムの重さがある。

◯ **centiliter** [séntəlìtər]　(n.) センチリットル
centi + liter
1/100　　リットル

> Do you have a cup that measures things in **centiliters**?

あなたはセンチリットル単位で計測できる容器を持っていますか。

☐ **centimeter** [séntəmìːtər]　(n.) センチメートル
centi + meter
1/100　　メートル

> Remember to leave two **centimeters** of blank space around the edge of each page.

各ページの縁には、2センチメートルの空白部分を残すようにしてください。

☐ **centipede** [séntəpìːd]　　(n.) ムカデ
centi + pede
　百　　　脚

> Look, there's a **centipede** crawling on the leaf!

ほら見て。その葉の上にムカデが這っていますよ！

017 circum- 周囲、周辺

☐ **circumambulate** [sèːrkəmæmbjuleit]　　(v.) 歩き回る
circum + ambul + 157 ate
　周囲　　　歩く　　　　動

> For exercise, prisoners **circumambulate** the common room several times.

運動のために、囚人たちは休憩室の中をあちこち歩き回る。
　■類語：circle [sə́ːrkl]　周りを回る、旋回する

☐ **circumlocution** [sèːrkəmloukjúːʃən]　(n.) 回りくどい表現、おしゃべり
circum + locut + 135 ion
　周囲　　　話す　　　　名

> I was unable to follow the politician's **circumlocution**.

私は、その政治家の回りくどい話を理解することができなかった。
　■イディオム：beat about [around] the bush　遠回しに言う

☐ **circumscribe** [séːrkəmskràib]　　(v.) 厳しく制限する、囲むように線を引く
circum + scribe
　周囲　　（線を）書く

> These rules **circumscribe** the behavior of residents.

これらの規則は、住民の行動を厳しく制限している。
　■用法：be circumscribed by ...　…によって制限される
　■類語：confine [kənfáin]　限定する、限る

○ **circumspect** [sə́ːrkəmspèkt]　　(adj.) 慎重な、用心深い
circum + spect
　周囲　　　見る

> I thought it was **circumspect** for the managers to wait several days before making a decision.

私は、経営者たちが決断を下す前に数日待ったのはずいぶん慎重だと思った。
- ■類語：cautious [kɔ́ːʃəs]　用心深い

○ **circumvent** [sèːrkəmvént]　　(v.) 回避する、迂回する
circum + vent
　周囲　　　来る

> There are several ways to **circumvent** the restrictions.

その規制を回避する方法はいくつかある。
- ■類語：evade [ivéid]　逃れる、回避する

018　co-　一緒に、ともに

☐ **coalesce** [kòuəlés]　　　(v.) 合体する、混じり合う
co + alesce
一緒に　育つ

> After years of hard work, the tycoon's plans began to **coalesce**.

長年の苦労のあとで、その大物のいくつかの計画は、１つにまとまり始めた。
　■類語：conjoin [kəndʒɔ́in]　結合する、連合する

☐ **coexist** [kòuigzíst]　　　(v.) 平和共存する、同時に存在する
co + 035 ex + (s)ist
一緒に　外に　立つ

> In large cities, it can be challenging for millions of people to peacefully **coexist**.

大都市では、何百万人もの人々が平和的に共存することは困難なことがある。
　■用法：coexist with ...　と共存する

☐ **cooperate** [kouápərèit]　　(v.) 協力する
co + oper + 157 ate
一緒に　仕事　動(する)

> Several companies are **cooperating** on the project.

数社の企業がそのプロジェクトに協力している。
　■用法：cooperate with ... to V.　と協力して〜する
　■類語：collaborate [kəlǽbərèit]　共同で行う、協力する

☐ **cosign** [kòusáin]　　(v.) 連帯保証人として署名する
co　+ sign
一緒に　印をつける

> This document needs to be **cosigned** by your wife.

この書類には、あなたの奥さんも連署人として署名する必要がある。

☐ **coworker** [kóuwə̀ːrkər]　　(n.) 同僚、協力者
co + work + 122 er
一緒に　働く　名(人)

> I often have dinner with my **coworkers**.

私はよく同僚たちと一緒に夕食を食べる。

019 col- 一緒に、共に、付随する

☐ **collaborate** [kəlǽbərèit]　(v.) 共同で行う、協調する
col + labor + ₁₅₇ ate
共に　労働　動(する)

> I'm looking forward to **collaborating** with your marketing team.

私はあなたのマーケティングチームと共同作業をするのを楽しみにしている。
　■用法：cooperate with ... in -ing　…と協力して〜する

☐ **collate** [kəléit]　(v.) ページを正しくそろえる、照合する
col + late
共に　運ぶ

> Please ask the secretary to **collate** the copies.

コピーのページを正しくそろえるように秘書に頼んでください。
　■用法：collate A with B　AとBを照合する
　■類語：verify [vérəfài]　照合する、確認する、証明する

☐ **collateral** [kəlǽtərəl]　(n.) 担保（物件）　(adj.) …に付随する、補強する
col + later + ₁₀₇ al
付随する　側面　名

> Banks often require **collateral** before approving a loan.

銀行はローンを承認する前に、しばしば担保を必要とする。
　■用法：as (a) collateral for ...　…の担保として

☐ **colleague** [káli:g]   (n.) 同僚
col + leag + ue
共に　　選ぶ　　名

> I'd like to introduce you to one of my **colleagues**.

私は、あなたを私の同僚の一人に紹介したい。

☐ **collocation** [kàləkéiʃən]   (n.) コロケーション、連語
col + loc + ₁₅₇ at(e) + ₁₃₅ ion
共に　場所　　　　動　　　　名

> Studying a word's **collocations** can greatly improve your knowledge of the word.

単語のコロケーションを学ぶことで、あなたは単語についての知識を増やすことができる。

020 com-　一緒に、ともに、まったく

☐ combine [kəmbáin]　　(v.) 組み合わせる、合体させる
com + bine
一緒に　2つを

> If we **combine** our money, we can buy a really good stereo.

私たちが自分たちのお金をいっしょにすれば、本当に良いステレオを買うことができる。
■用法：combine A with B　AとBを結合する

☐ comfort [kʌ́mfərt]　　(n.) (v.) 慰め（る）
com + fort
まったく　強い

> Friends can be a big **comfort** when we are feeling bad.

私たちが落ち込んでいるとき、友人の存在が大きな慰めとなることがある。
■類語：solace [sάləs]　慰め、慰安、元気づける

☐ commemorate [kəmémərèit]　　(v.) 記念する、祝う、追悼する
com + memor + 157 ate
一緒に　思い出す　　動

> To **commemorate** the victory, a statue of the general will be built on the battle site.

勝利を記念して、その将軍の彫像が戦場に建てられるだろう。
■類語：celebrate [séləbrèit]　祝う、公表する、たたえる

☐ **commiserate** [kəmízərèit]　　(v.) 同情する、哀れむ
com + miser + ₁₅₇ ate
一緒に　苦痛　　　動

> When I heard the terrible story, I **commiserated** with the poor fellow.

その恐ろしい話を聞いたとき、私はその哀れな人に同情した。
- ■用法：commiserate 人 for ...　人が…であることを同情する
- ■類語：sympathize [símpəθàiz]　同情する、共感する、賛成する

☐ **compact** [kəmpǽkt]　　(v.) 固める、圧縮する　(adj.) 緊密な、こぢんまりした
com + pact
一緒に　締める

> This machine **compacts** your garbage into small cubes.

この機械は、あなたのゴミを小さな立方体に圧縮する。

Review Section 02 Items 011-020

A それぞれの文を完成させるために最も適した単語を選びなさい。

| befriend | bilateral | byproduct |
| circumscribed | coalesce | commemorate |

1. After a series of meetings, our summer catalog plans are starting to _____.

2. To _____ the firefighters' lifesaving efforts, a statue will be built in the town center.

3. It was kind of Michael to _____ his new classmate. I see them together a lot.

4. The two nations will hold _____ talks to try to improve trade relations.

5. A buildup of hydrogen is one _____ of the chemical reaction.

6. The architect's creativity is _____ by a set of strict building codes.

B イタリックで示した単語と同じ意味となる語句を選びなさい。

1. A week after the plane crash, the mayor held a town meeting to *commiserate* with the victims' relatives.
   A. show sympathy
   B. offer assistance
   C. give an explanation

2. Though Richard likes to *belittle* his main competitors, they have a much larger market share and a better reputation.
   A. look up to
   B. look out for
   C. look down on

3. Winning first prize in the competition was the *catalyst* behind Tom's decision to start his own design firm.
   A. initial driving force
   B. sense of pride
   C. claim to fame

4. Maybe we can *bypass* the highway traffic by taking country roads instead.
   A. go around
   B. bring down
   C. deal with

5. If the new mall drives up property values, it would be a *benevolent* turn of events.
   A. unforeseen
   B. additional
   C. helpful

6. Tracy would love to *collaborate* with a famous music producer.
   A. work together
   B. learn from
   C. listen to

C それぞれの文が正しければ **T(True)** を、誤っていれば **F(False)** を○で囲みなさい。

1. **T / F** In the insect world, centipedes are famous for having 1,000 legs.
2. **T / F** When you circumvent a problem, you deal with it directly.
3. **T / F** It's easier for roommates to coexist when they get along with each other.
4. **T / F** When a road bifurcates, it branches off in two directions.
5. **T / F** A collocation is a group of two or more words that are often used together.
6. **T / F** A benefactor is the recipient of another person's kindness.

Review Section 02 Items 011-020

A
1. 一連の会議のあとで、私たちの夏カタログの計画が<u>まと</u>まりつつある。**(coalesce)**
2. 消防士たちの救命活動を<u>たたえる</u>ために、彫像が町の中心部に建てられる予定である。**(commemorate)**
3. 優しいマイケルは、新しいクラスメートと<u>友だちになって</u>あげた。私は二人が一緒にいるところをよく見かける。**(befriend)**
4. 両国は貿易関係を改善するために、<u>二国間協議</u>を開催することになっている。**(bilateral)**
5. 水素の増加は、その化学反応の一つの<u>副産物</u>である。**(byproduct)**
6. その建築家の創造性は、一連の厳格な建築基準によって<u>制限</u>されている。**(circumscribed)**

B
1. 飛行機事故の1週間後、市長は、被害者の親族に弔意を表すためにタウンミーティングを開催した。
   A. 同情を示す　○
   B. 支援を申し出る
   C. 説明をする
2. リチャードは彼の主な競合相手を軽視したがるが、彼らにははるかに大きな市場シェアと良い評判がある。
   A. 尊敬する
   B. 警戒する
   C. 見下す　○
3. コンクールで一等賞を受賞したことがきっかけとなり、トムは自分のデザイン事務所を設立しよう決意した。
   A. 最初の原動力　○
   B. 自尊心
   C. 名声欲
4. たぶん、田舎道を選べば、高速道路の交通を避けることができるだろう。
   A. 回り道をする　○
   B. 減らす
   C. 対処する
5. 新しいショッピングモールが不動産の価値を押し上げるなら、それは事態のよい変化だ。
   A. 予測しなかった
   B. 追加の
   C. 有益な　○
6. トレイシーは、有名な音楽プロデューサーと一緒に仕事ができるのを喜ぶだろう。
   A. 一緒に働く　○
   B. …から学ぶ
   C. 話を聞く

C
1. 昆虫の世界では、ムカデは千本の脚を持っていることで知られる。**(F)**
2. 問題を回避するということは、直接それに対処することである。**(F)**
3. ルームメイトがお互いに仲良くやっていくとき、彼らがともに暮らしていくのは簡単だ。**(T)**
4. 道路が分岐するとは、それが2つの方向に分かれることである。**(T)**
5. コロケーションとは、一緒に使われることが多い2つ以上の単語のことである。**(T)**
6. 恩人とは、他の人からの厚意を受ける人のことである。**(F)**

021 con-　共に、一緒に、まったく

☐ **concede** [kənsíːd]　　　(v.) 認める、容認する、許す
con + cede
共に　行く

> I will **concede** that point, but that doesn't mean I agree with everything you said.

私はその点を認めるが、だからといって私はあなたの言ったことのすべてに同意するわけではない。

■ 用法：concede ... to 人　（人に）…を認める
■ 類語：give way　譲歩する

☐ **concordant** [kɑnkɔ́ːrdnt]　(adj.) …と合致した、調和した
con + cord + 167 ant
一緒に　心　形

> The design changes are **concordant** with the terms of our agreement.

デザインの変更は、私たちの契約の条件に沿ったものだ。

■ 用法：concordant with ...　…と一致する

◯ **concur** [kənkə́ːr]　　　(v.) …に同意する、協力する
con + cur
一緒に　走る

> I **concurred** with the decision to delay the product release date.

私は、製品の発売日を延期するという決定に同意した。
　■ 類語：agree [əgríː]　譲歩する

◯ **connect** [kənékt]　　　(v.) つなぐ、接続する
con + nect
共に　結ぶ

> You need to use one of these rods to **connect** the two beams.

あなたがその2つの角材をつなぐには、これらの棒のいずれかを使う必要がある。
　■ 類語：link [líŋk]　結びつける

◯ **contain** [kəntéin]　　　(v.) …が入っている、…を含む
con + tain
一緒に　保つ

> I'm really curious about what those crates **contain**!

私はそれらの箱の中に何が入っているのか、とても知りたい。
　■ 注意：contain は状態を表す動詞なので、進行形では使わない。

022 contra- 反対して［に］、逆の

○ **contraband** [kάntrəbæ̀nd]　　(n.) 密輸（品）　(adj.) 輸出入禁止の
contra + band
反対して　　禁止

Customs officials seized the **contraband** and arrested the smuggler.

税関職員は密輸品を押収し、その密輸業者を逮捕した。

○ **contradict** [kὰntrədíkt]　　(v.) 反論する、否定する、矛盾する
contra + dict
反対して　　言う

Larry likes to **contradict** everything his brother says.

ラリーは、弟の言うすべてのことに反論したがる。
　　■類語：controvert [kάntrəvə̀ːrt]　反駁する、反対する

○ **contraflow** [kάntrəflòu]　　(n.) 逆方向の流れ、逆流
contra + flow
逆の　　流れ

While the accident was being cleared, a **contraflow** was set up on one side of the road.

その事故現場が片付けられている間、道路の片側に逆方向の通行路が設置された。

◯ **contraindicant** [kàntrəíndikənt]　　(n.) 禁止事項
contra + in + dic + 112 ant
反対して　…中に　言う　　名

> You should always read medicine labels to check for any **contraindicants**.

あなたはいつも薬のラベルを読んで、どんな禁止事項があるのかをチェックすべきだ。

◯ **contravene** [kàntrəvíːn]　　(v.) 違反する、衝突する
contra + vene
反対に　　来る

> The company's waste disposal procedures **contravene** environmental protection laws.

その会社の廃棄物処理の手順は、環境保護法に違反する。

■類語：transgress [trænsgrés]　罪を犯す、背く

023　cor-　まったく、一緒に

○ **correct** [kərékt]　　　　(adj.) 正しい、真実の、妥当な　(v.) 正す、直す
cor　　+ rect
まったく　まっすぐにする

> I only got three questions **correct** on the test!

私はそのテストで3問しか正解でなかった。
■類語：precise [prisáis]　正確な、明確な

○ **correlation** [kɔ̀:rəléiʃən]　(n.) 相関関係、相互関係
cor + 079 re + lat + 135 ion
一緒に　　再び　　運ぶ　　　名

> There is a strong **correlation** between one's education level and one's income level.

人の教育レベルと所得水準の間には強い相関関係がある。
■用法：correlation between A and B　AとBの相関関係

○ **correspond** [kɔ̀:rəspánd]　(v.) 対応する、一致する、釣り合う
cor + 079 re + spond
一緒に　　再び　　約束する

> What do these letters and symbols **correspond** to?

これらの文字や記号は何に対応していますか。
■用法：correspond to ...　…に対応する、一致する

◯ **corroborate** [kərábərèit]　(v.) 裏づける、強める
cor + robor + ₁₅₇ ate
まったく　強い　　　　動

> Yes, sir, I can **corroborate** everything she said.

ええ、私は彼女が言ったことはすべて裏づけることができます。
■ 類語：verify [vérəfài]　正しさを証明する、立証する

◯ **corrode** [kəróud]　　　(v.) 腐食する、徐々に悪くする
cor + rode
まったく　かじる

> Left outside, the bicycle **corroded** from years of exposure to the sun and rain.

屋外に出したままだったので、自転車は太陽と雨に長年さらされて腐食した。
■ 類語：rust [rʌ́st]　腐食する、さびつく

024 counter-　反対、対応する

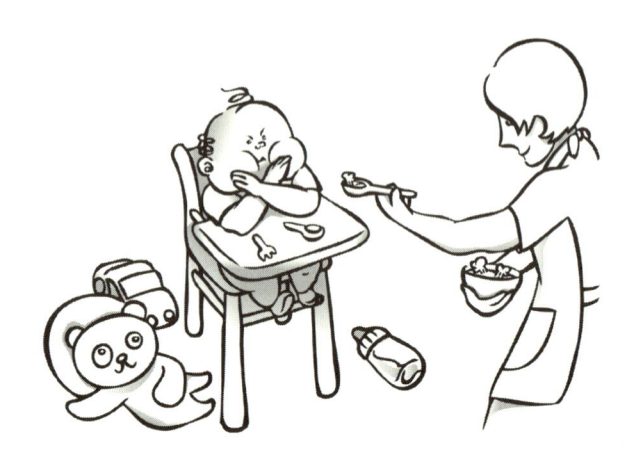

☐ **counterattack** [káuntərətæk]　　(n.) (v.) 反撃（する）、逆襲（する）
counter + attack
　反対　　　攻撃

> The smaller army waited for nightfall before launching their **counterattack**.

その小規模の部隊は、日が落ちるまで反撃を開始するのを待った。

☐ **counterpart** [káuntərpà:rt]　　(n.) よく似たもの、同等物、相手役
counter + part
　対応する　　部分

> The two cars are exact **counterparts** in make, model, and color.

その2台の車は、型、モデル、色において非常によく似かよったものである。

62

☐ **counterpoint** [káuntərpɔ̀int]　(n.) 対照的なもの、対比
counter + point
_{対応する}　　_点

> For every point brought up, the well-prepared lawyer raised a **counterpoint**.
>
> 取りあげられたすべての点について、その用意周到な弁護士は対立する例を提起した。

☐ **counterproductive** [kàuntərprədʌ́ktiv]　　(adj.) 非生産的な、逆効果の
counter + 075 pro + duct + 186 ive
_{反対}　　　_{前へ}　_{導く}　　_形

> Surfing the Internet at work is usually **counterproductive**.
>
> 仕事中にインターネットで情報をあちこち見て回ることは、たいてい非生産的だ。

☐ **countersign** [káuntərsàin]　(v.) 連署する、確認のサインをする
counter + sign
_{対応する}　_{印をつける}

> Once I receive the contracts, I'll **countersign** them both and send one back to you.
>
> 契約書を受け取り次第、私は両方に連署して1通をあなたに送ります。

025 de-　離れて、下に、逆、完全に

☐ **denote** [dinóut]　　　(v.) 示す、意味する
de + note
下に　印をつける

> Recent economic data **denotes** a healthy economy.

最近の経済データは、健全な経済状態を示している。
■類語：imply [implái]　暗示する、ほのめかす、意味する

☐ **denounce** [dináuns]　　(v.) 非難する、糾弾する、告発する
de + nounce
下に　　告げる

> Government leaders were quick to **denounce** the actions of the spy.

政府首脳は、速やかにそのスパイの行為を非難した。
■類語：condemn [kəndém]　非難する、糾弾する、とがめる

☐ **deport** [dipɔ́ːrt]　　　(v.) 強制送還する、追放する
de + port
離れて　運ぶ

> People who live in a country illegally may be **deported**.

国内に不法に滞在している人々は、強制送還されることがある。
■類語：banish [bǽniʃ]　追放する、追い払う

◯ **descend** [disénd]　　　　(v.) 降りる、下がる
de + scend
下へ　　登る

> To get to the underground facility, you need to **descend** several flights of stairs.

地下の施設に行くには、いくつもの階段を降りる必要がある。
　■反意語：ascend [əsénd]　登る、上がる、上昇する

◯ **detour** [díːtuər]　　　　(n.) (v.) 回り道（する）
de + tour
離れて　回る

> I know this is a **detour**, but it's a prettier drive.

私はこれが回り道だとわかっているが、ずっと気持ちのよい道だ。

026 di(cho)- 二つに、離れて、完全に

○ **dichotomy** [daikátəmi]　　(n.) 二分裂、二項対立
dicho + tom + 156 y
二つに　　切断　　名

> The gap between the richest and poorest people is a stark **dichotomy**.

最も裕福な人々と最も貧しい人々の間の格差は、はっきりと二分された状態にある。
　■用法：dichotomy between A and B　AとBへの分裂

○ **digest**　　　　　　　　(v.) [daiʒést] 消化する、よく考える
di + gest　　　　　　　　(n.) [dáidʒest] 要約、ダイジェスト
分ける　運ぶ

> I like to wait an hour to let my food **digest** before going running.

私は、ランニングに出かける前に食べたものが消化されるよう、1時間待ちたい。

○ **digress** [digrés]　　　　(v.) 脱線する、脇道にそれる
di + gress
離れて　行く

> The old professor has a habit of **digressing** during lectures.

その年老いた教授には、講義中に話が脱線してしまう癖がある。
　■用法：digress from ...　…から外れる

○ **dimension** [diménʃən]　　(n.) 寸法、大きさ、次元
di + mens + ₁₃₅ ion
分ける　測る　　　名

> What are the box's exact **dimensions**?

その箱の正確な寸法は何ですか。

○ **diorama** [dàiəræmə]　　(n.) 立体模型、ジオラマ
di + orama
完全に　見る

> Students in the science class are building **dioramas** of different ecosystems.

学生は、科学の授業でさまざまな生態系の立体模型を製作している。

027 dia- 横切る、分ける、…の間で

☐ **diagnosis** [dàiəgnóusis]　　(n.) 診断、分析
dia + gno + 151 (o)sis
横切る　知る　　　　名

> The patient's **diagnosis** indicated he had the flu.

> その患者の診断は、彼が風邪であることを示していた。
> ■用法：make a diagnosis of ...　…だと診断する

☐ **diagonal** [daiǽgənl]　　(adj.) (n.) 斜め（の）、対角線（の）
dia + gon + 165 al
横切る　対角　　　形

> You can draw a **diagonal** line to divide a square into two triangles.

> 正方形を2つの三角形に分割するには、斜めの線を引けばよい。

☐ **dialect** [dáiəlèkt]　　(n.) 方言
dia　 + lect
…の間で　話す

> Chinese has several hundred different **dialects**.

> 中国語には、数百の異なる方言がある。

◯ **diameter** [daiǽmətər]　　(n.) 直径、差し渡し
dia + meter
横切る　計測

> We want to build a circular garden with a 40-meter **diameter**.

私たちは、直径が 40 メートルの円形の庭を作りたいと思っている。
　■参考：radius [réidiəs]　半径

◯ **diatribe** [dáiətràib]　　(n.) 非難、酷評、皮肉
dia　+ tribe
…の間で　こする

> The long attack on the CEO's policies was a biting **diatribe**.

最高経営責任者（CEO）の方針に対する長い攻撃は、痛烈な非難だった。
　■類語：rebuke [ribjú:k]　避難（する）、叱責（する）

69

028 dis- 不…、離れて、すっかり

○ **disappear** [dìsəpíər]　　(v.) 消える、見えなくなる
dis + ap + pear
不　　…へ　現れる

Over time, some cities become huge while others **disappear**.

長い間に、ある都市は巨大になり、他の都市は消えていく。
■類語：vanish [vǽniʃ]　突然消える、いなくなる

○ **disengage** [dìsengéidʒ]　　(v.) 切り離す、外す、解放する、撤退する
dis + 031 en + gage
不　　　する　約束

On my mark, **disengage** the engines.

私の合図で、エンジンを切り離しなさい。
■用法：disengage from ...　…突然消える、いなくなる

○ **disgusting** [disgʌ́stiŋ] 　　(adj.) 気持ちが悪くなる、むかつくような
dis + gust + 182 ing
不　　味わう　　形

> I find horror films **disgusting**.

私は、ホラー映画は気持ちが悪いと思う。

○ **dislike** [disláik] 　　(v.) 嫌う　(n.) 嫌悪
dis + like
不　喜ばせる

> Since Rachel is so friendly, I don't think anyone **dislikes** her.

レイチェルはとても人なつっこいので、彼女を嫌う人は誰もいないと思う。
■ 用法：dislike -ing 　…するのを嫌う
■ 類語：disfavor [disféivər]　嫌う、軽視する、不快、軽視

○ **disregard** [dìsrigá:rd] 　　(v.) 見逃す、無視する　(n.) 無関心
dis + 079 re + gard
不　　再び　　見る

> At a crime scene, police don't **disregard** anything that might be a clue.

犯罪現場では、警察は手がかりになりそうなものは何も見逃さない。
■ 用法：disregard for [of] ... 　…に対する無関心
■ 類語：ignore [ignɔ́:r]　嫌う、軽視する、不快、軽視

029 dys- 悪い、困難

☐ **dysentery** [dísəntèri]　　(n.) 下痢、赤痢
dys + entery
悪い　　腸

> During the trip, several people got **dysentery** from the unclean food.

旅行中に、何人かの人たちは不潔な食品から赤痢になった。
　■類語：diarrhea [dàiərí:ə]　下痢

☐ **dysfunctional** [disfʌ́ŋkʃənl]　(adj.) 機能不全の、機能していない
dys + function + 165 al
悪い　　実行　　　形

> Far from being **dysfunctional**, the McDouglas family is very solid.

機能不全に陥っているどころか、マクダグラス家は、とてもしっかりしている。

☐ **dyslexic** [disléksik]　　(adj.) 失読症の、読書障害の
dys + lex + 179 ic
悪い　単語　　形

> **Dyslexic** people often read at a slow pace.

失読症の人たちは、読むペースが遅いことが多い。

○ **dyspepsia** [dispépsiə]　　(n.) 消化不良
dys + peps + ₁₂₉ ia
悪い　　消化　　　名

> Marsha took medicine to treat her **dyspepsia**.

マーシャは、消化不良を治療するために薬を飲んだ。

- ■反意語：eupepsia [juːpépʃə]　消化良好

○ **dystopia** [distóupiə]　　(n.) 暗黒郷、（ユートピアの逆の）ディストピア
dys + (u)topia
悪い　　　場所

> The play is about a group of people living in a **dystopia**.

その劇は、暗黒郷に住む人々を描いたものだ。

- ■反意語：utopia [juːtóupiə]　理想郷、英国の人文主義者トマス・モア作『Utopia』の中で描かれた空想上の島

030 em-　中へ、…させる

☐ **embargo** [imbáːrgou]　　(n.) 禁輸、出入港禁止、妨害　(v.) 通商を停止する
em + bargo
中へ　　横木

> The United Nations wants to impose a trade **embargo** on the belligerent countries.

国連は、その交戦中の国々に禁輸を課したいと考えている。
　■類語：prohibition [pròuhəbíʃən]　禁止、差し止め

☐ **embark** [imbáːrk]　　(v.) 船出する、旅立つ、乗り込む
em + bark
中へ　　帆船

> As the sailors **embarked** on their sea voyage, they took one last look at their homeland.

その船員たちが航海に船出したとき、彼らは自分たちの祖国に最後の一瞥を投げた。
　■用法：embark for ...　…に向かって船出する

☐ **embellish** [imbéliʃ]　　(v.) 粉飾する、飾る
em + bell + 161 ish
させる 美しい　　[動]

> You should tell the truth instead of **embellishing** the facts.

あなたは事実を粉飾するのではなく、真実を伝えるべきだ。
　■用法：embellish A with B　BでAを飾る

◯ **empathy** [émpəθi]　　　(n.) 共感、感情移入
em + path + 156 y
中へ　　感覚　　　名

I feel a lot of **empathy** towards suffering children.

私は苦しんでいる子どもたちに対して同情の念を感じる。

◯ **empower** [impáuər]　　　(v.) 力を与える、許す、…できるようにする
em + power
させる　力がある

The Internet has **empowered** many people to start their own businesses.

インターネットは多くの人々が自分のビジネスを始める力を与えてくれる。
　■類語：permit [pərmít]　許す、許可する

Review Section 03 Items 021-030

A それぞれの文を完成させるために最も適した単語を選びなさい。

> contradict　dyslexic　dialect
> disengage　embellish　counterpoint

1. Jackie tends to _____ her stories, so don't be surprised if she exaggerates a detail or two.

2. When I was growing up, my parents spoke to me in their native _____.

3. I hate to _____ what Timothy said, but I have a different point of view.

4. My sister is _____, so she reads more slowly than her classmates.

5. Mr. Higgins is an excellent lawyer. For every point the prosecution raised, he had a clear, well-reasoned _____.

6. After months of failing to win ground, the army decided to _____ from the area and rethink its strategy.

B イタリックで示した単語と同じ意味となる語句を選びなさい。

1. Experts *concur* that eating well is one key to maintaining good health.
   A. suspect
   B. demand
   C. agree

2. Did you find any *correlation* between district education levels and divorce rates?
   A. relationship
   B. suspicion
   C. motivation

3. As you *descend* into the mine shaft, you'll notice the air getting thinner and thinner.
   A. breathe deeply
   B. go down
   C. get tired

4. If you tell me the *diameter* of the steel plate, I'll let you know how much a replacement will cost.
   A. total weight
   B. distance across
   C. exact price
5. The dorm supervisor said I should *disregard* my loud neighbors, but that's hard to do when I'm studying for a test.
   A. complain
   B. welcome
   C. ignore
6. At this time, we feel opening a new branch so close to an existing one would be *counterproductive*.
   A. unhelpful
   B. expensive
   C. time consuming

C それぞれの文が正しければ **T(True)** を、誤っていれば **F(False)** を○で囲みなさい。

1. **T / F** People with concordant viewpoints feel the same way about an issue.
2. **T / F** Bringing contraband into a country is against the law.
3. **T / F** If a shipping company charges according to a package's dimensions, it bases the cost solely on the package's weight.
4. **T / F** People in a dysfunctional relationship sometimes see a counselor to talk about their problems.
5. **T / F** An embargo is designed to allow goods to travel in and out of a place as smoothly as possible.
6. **T / F** By corroborating a statement, a witness says that he or she disagrees with it.

Review Section 03 Items 021-030

A
1. ジャッキーは自分の話を潤色する傾向があるので、彼女が少しばかり細部を誇張しても驚かないでください。(embellish)
2. 私がまだ育ち盛りのころ、両親は私に自分たちが生まれた土地の方言で話しかけていた。(dialect)
3. 私はティモシーが言ったことに反論したくはないが、私は別の見方をしている。(contradict)
4. 私の妹［姉］は失読症なので、彼女のクラスメートよりも読むのが遅い。(dyslexic)
5. ヒギンズ氏は、優れた弁護士だ。検察当局が提起したすべての点について、彼は明確でよく筋の通った反論を用意した。(counterpoint)
6. 何カ月も陣地を奪えなかったあとで、軍はその地域から撤退し、戦略を練り直すことにした。(disengage)

B
1. 専門家たちは、よく食べることが健康を維持する一つの鍵であることに同意している。
   A. 疑う
   B. 要求する
   C. 同意する　○
2. あなたは、地域の教育レベルと離婚率の間になんらかの相関関係を見つけましたか。
   A. 関係　○
   B. 疑い
   C. 動機
3. 坑道に降りていけば、空気がますます薄くなっていくことに気づくだろう。
   A. 深呼吸する
   B. 降りる　○
   C. 疲れる
4. その鋼板の直径を教えてくれれば、代替品にどれくらいの費用がかかるか知らせます。
   A. 総重量
   B. 幅の長さ　○
   C. 正確な価格
5. 寮の監督者は、やかましい隣人は無視すべきだと言ったが、私が試験勉強しているときにそうするのは難しい。
   A. 苦情を言う
   B. 歓迎する
   C. 無視する　○
6. 現時点では、私たちが既存の支店にとても近いところに新しい支店を開くのは、逆効果になるだろうと感じている。
   A. 役に立たない　○
   B. 高価な
   C. 時間がかかる

C
1. 一致する視点を持つ人々は、ある問題について同じように感じる。(T)
2. 国内に密輸品を持ち込むことは、法律違反となる。(T)
3. 運送会社が小包のサイズに応じて料金を請求する場合、その金額は小包の重さだけを基準にする。(F)
4. 人間関係がうまくいかない人々は、カウンセラーと面談して自分たちの問題について話をすることがある。(T)
5. 禁輸措置は、商品ができるだけスムーズに移動できるようになることを目的としている。(F)
6. 証言を裏づけることによって、証人はそれに意義を唱える。(F)

031　en-　…させる、…(に)する、中[上]に

○ **enact** [inǽkt]　　　　　(v.) 成立させる、制定する
en + act
させる　行い

> The president signed the bill to **enact** it into law.

大統領は法律として成立させるためにその法案に署名をした。

○ **enjoin** [indʒɔ́in]　　　　(v.) 命じる、禁止する
en + join
中に　つなぐ

> The commander **enjoined** the troops to not enter the town.

司令官は、軍隊に町に入らないように命じた。

■用法：enjoin 人 from -ing　（人が）…することを禁止する
■類語：command [kəmǽnd]　命令する、要求する

○ **enrage** [inréidʒ]　　　(v.) 激怒させる
en + rage
させる　激怒

> By poking a stick through the cage, the little boy **enraged** the bear.

檻のすき間から棒を突き出すことで、その少年がクマをとても怒らせた。
　■反意語：soothe [súːð]　静める、なだめる

○ **enrich** [inrítʃ]　　　(v.) 豊かにする、質を高める
en + rich
する　裕福に

> Poetry and art can **enrich** your life in many ways.

詩と芸術は、いろいろな意味であなたの人生を豊かにしてくれる。
　■反意語：impoverish [impávəriʃ]　貧しくする、低下させる

○ **entrust** [intrʌ́st]　　　(v.) ゆだねる、任せる
en + trust
する　信用

> Mr. and Mrs. Peterson **entrusted** a real estate agent to handle the sale of their home.

ピーターソン夫妻は、不動産業者に自宅の売却の処理を任せた。
　■用法：entrust ... to 人　（人に）…を任せる
　■類語：delegate [déligət]　委任する

032 endo- 内部の

☐ **endogen** [éndədʒin]　　(n.) 内生植物
endo + gen
内部の　　生む

> The study of the newly discovered **endogen** is expected to take several months.

新たに発見された内生植物の研究は、数カ月かかることが予想される。

☐ **endoparasite** [èndəpǽrəsait]　　(n.) 内部寄生虫
endo + 069 para + site
内部の　　近くで　食べる

> This **endoparasite** can survive for several weeks in its host organism.

この内部寄生虫は、寄生している生物の体内で数週間ほど生き続けることができる。

☐ **endoplasm** [éndəplæzm]　(n.) 内部原形質
endo + plasm
内部の　形成されたもの

> Biology students looked under a microscope at the cell's **endoplasm**.

生物学の学生たちは、顕微鏡で細胞の内部原形質を見た。

☐ **endoscope** [éndəskòup]　(n.) 内視鏡
endo + scope
内部の　　見る

> During the examination, the doctor used an **endoscope**.

検査中、医師は内視鏡を使った。

☐ **endoskeleton** [èndəskéltn]　(n.) 内骨格
endo + skeleton
内部の　　骨格

> A creature's general shape is normally similar to that of its **endoskeleton**.

生物のおおよその形状は、普通はその内骨格の形に似ている。

033 epi- 上に、外に

◯ **epicenter** [épəsèntər]　　(n.) 震源地、震央
epi + center
上に　　中心

> The **epicenter** of the earthquake was 80 kilometers from the capital city.

その地震の震源地は、首都から 80 キロのところだった。

◯ **epilepsy** [épəlèpsi]　　(n.) てんかん
epi + leps + 156 y
上に　発作　[名]

> Brian's teachers were told that he suffered from **epilepsy**.

ブライアンの先生は、彼がてんかんに苦しんだと教えられた。

◯ **epilogue** [épəlɔ̀ːg]　　(n.) エピローグ、結び、終章
epi + log + ue
上に　言葉　[名]

> Make sure you read the story's **epilogue**!

その物語のエピローグは必ず読んでください！

■反意語：prologue [próulɔːg]　序文、序言

☐ **epitaph** [épitæf]　　　(n.) 碑文、墓碑銘
epi + taph
上に　　墓

> **Epitaphs** are usually short and meaningful.

墓碑銘はたいてい短く、深い意味がある。

☐ **epithet** [épəθèt]　　　(n.) あだ名、通称、形容辞
epi + thet
上に　付ける

> George prefers being called by his **epithet**: Giant.

ジョージは彼のあだ名の「ジャイアント」と呼ばれるのを好む。

　■ 類語：nickname [níknèim]　あだ名、ニックネーム

034 eu- 善い

☐ **eulogy** [júːlədʒi]　　(n.) 賛辞、ほめ言葉
eu + log + 156 y
善い　言葉　　名

Ted delivered a moving **eulogy** for his deceased father.

テッドは、彼の亡き父のために感動的な賛辞を読み上げた。
■類語：funeral oration [fjúːnərəl ɔːréiʃən]　追悼の言葉、弔辞

☐ **euphemism** [júːfəmìzm]　(n.) 遠回しな表現
eu + phem + 137 ism
善い　言うこと　　名

Instead of using **euphemisms**, just go ahead and say what you think about him.

遠回しな表現を使うのではなく、彼について思っていることを遠慮なく言いなさい。
■類語：circumlocution [sə̀ːrkəmloukjúːʃən]　回りくどい表現

◯ **euphony** [júːfəni]　　　(n.) 快い語調、語呂のよさ
eu + phon + 156 y
善い　音声　　名

> I've always found the name "Elizabeth" to be a pleasant **euphony**.

私はいつも、「エリザベス」という名前が耳に快い語調だと感じていました。
■反意語：cacophony [kəkǽfəni]　耳障りな音、不協和音、雑音

◯ **euphoria** [juːfɔ́ːriə]　　　(n.) （非現実的な）幸福感、陶酔感
eu + phoria
善い　運ぶこと

> After winning the lottery, Mary couldn't hide her **euphoria**.

宝くじに当選したあと、メアリーは幸福感を隠すことができなかった。
■類語：pleasure [pléʒər]　喜び、楽しさ

◯ **euthanasia** [jùːθənéiʒə]　(n.) 安楽死
eu + thanas + 129 ia
善い　死　　名

> **Euthanasia** is a controversial subject in many countries.

安楽死は、多くの国々で論議を呼ぶ話題である。

87

035　ex-　外へ［に］

○ **excavate** [ékskəvèit]　　　(v.) 発掘する、掘る
ex + cav + 157 ate
外へ　　穴　　　　動

> Archaeologists hope to finish **excavating** the site this month.

考古学者は、今月に遺跡を発掘し終えたいと思っている。
　■類語：unearth [ʌ̀nə́ːrθ]　発掘する、暴く

○ **exclude** [iksklúːd]　　　(v.) 抜かす、締め出す、追放する
ex + clude
外へ　閉じる

> When you prepare the guest list, remember not to **exclude** anyone from the office.

あなたが来客のリストを準備するとき、オフィスの誰も抜かさないことを忘れないでください。
　■用法：exclude A from B　BからAを締め出す

○ **expel** [ikspél]　　　(v.) 除名する、追い出す
ex + pel
外へ　押す

> Students are sometimes **expelled** for committing serious offenses at school.

学生は、学校で重大な違反を犯したために除籍されることがある。
　■用法：expel 人 from ...　（人を）…から追放する

○ **export** (v.) [ikspɔ́ːrt] 輸出する (n.) [ékspɔːrt] 輸出
ex + port
外へ　運ぶ

> We **export** rice but import wheat.

私たちは米を輸出するが、小麦は輸入している。

■ 反意語：import [impɔ́ːrt]　輸入する／[ímpɔːrt]　輸入

○ **exude** [igzúːd] (v.) （汗などが）にじみ出る、（においや雰囲気を）発散する、みなぎらせる
ex + ude
外へ　汗をかく

> Tall and strong, Peter **exudes** confidence.

背が高く強いので、ピーターは自信をみなぎらせている。

■ 用法：exude from [through] ...　…からにじみ出る

036 exo- 外へ［の］、外部

☐ **exodus** [éksədəs]　　(n.) 移住、人口の流出、脱出
exo + dus
外へ　道

During the 20th century, many areas saw an **exodus** of people from the countryside to cities.

20世紀の間に多くの地域では、地方から都市への人口の流出を経験した。

☐ **exogamy** [ekságəmi]　　(n.) 族外結婚（制度）
exo + gam + 156 y
外へ　結婚　　名

The tribe practices **exogamy**, and it's common for young men and women to leave the tribe by the time they turn 20.

その部族は族外結婚が習わしで、若い男女は20歳になるまでに部族を離れるのが一般的だ。

☐ **exoskeleton** [èksəskélətn]　(n.) 外骨格
exo + skeleton
外の　骨格

Animals with an **exoskeleton** have an advantage against predators.

外骨格を持つ動物は、捕食者に対して強みがある。
■参考：skeletonはもともと「乾いたもの＝ミイラ」という意味

○ **exosphere** [éksousfiər]　(n.) 外気圏
exo + sphere
　外の　　球体

> Once you cross the **exosphere**, you've left our atmosphere and have entered outer space.

外気圏を越えると、あなたは大気圏を離れて宇宙空間に入っていることになる。
　　■参考：atmosphere [ǽtməsfiər]　大気、空気

○ **exothermal** [èksouθə́ːrməl]　(adj.) 発熱の
exo + therm + ₁₆₅ al
　外へ　　熱　　　形

> Lighting a match produces an **exothermal** reaction.

マッチをつけると、発熱反応が生じる。

037 extra- 外へ［の］、外れた、余分に

○ **extracurricular** [èkstrəkəríkjulər]　　(adj.) 課外の
extra + curri + cular
外へ　　走る　　形

Among Fred's **extracurricular** activities, the photography club is his favorite.

フレッドの課外活動の中で、写真クラブが彼のお気に入りだ。

○ **extraordinary** [ikstrɔ́ːrdənèri]　　(adj.) すばらしい、並外れた、普通でない
extra + ordin + 169 ary
外れた　　順序　　形

You should see the film, which I thought was **extraordinary**.

あなたは、私がすばらしいと思ったあの映画を見るべきだ。
　■類語：remarkable [rimáːrkəbl]　すばらしい、珍しい

○ **extrapolate** [ikstrǽpəlèit]　　(v.) 推定する、推測する
extra + polate
余分に　　磨く

From all this data, we should be able to **extrapolate** what happened.

このすべてのデータから、私たちは何が起こったかを推定することができるはずだ。
　■類語：speculate [spékjulèit]　推測する、憶測する、投機する

◯ **extraterrestrial** [ìkstrætəréstriəl]　　(adj.) 地球外の　(n.) 地球外生物、宇宙人
extra + terr + estr + 177 ial
　外の　　土地　　存在　　形

> So far, we haven't made contact with any **extraterrestrial** species.

これまでのところ、私たちはどんな地球外の生物とも接触をしていない。

◯ **extravagant** [ikstrǽvəgənt]　　(adj.) 大げさな、度を超した、ぜいたくな
extra + vag + 167 ant
　外へ　さまよう　　形

> Don't you think the diamond earrings are a tad **extravagant** for a beach party?

ダイヤモンドのイヤリングは、ビーチパーティーには少し大げさだと思いませんか。
　■類語：excessive [iksésiv]　過度の、行きすぎた

038 for-   離れて、完全に

○ **forbid** [fərbíd]　　　　(v.) 禁止する
for + bid
離れて 命令

> Jane's father **forbids** her from staying out past 11:00 PM.

ジェーンの父親は、彼女が午後 11 時を過ぎても外に出ていることを禁じている。
　■用法：forbid 人 from ...　（人に）…することを禁じる

○ **forget** [fərgét]　　　　(v.) 忘れる、思い出せない
for + get
離れて 得る

> Don't **forget** to lock the door when you leave.

出かけるときには、ドアの鍵をかけることを忘れないでください。
　■反意語：remember [rimémbər]　思い出す、覚えている

○ **forgive** [fərgív]　　　　(v.) 許す、容赦する
for + give
完全に 与える

> It's hard to **forgive** people who betray us.

私たちを裏切った人を許すことは難しい。
- ■ 用法：forgive 人 for ...　（人に）…したことを許す
- ■ イディオム：forgive and forget　過去のことを水に流す

○ **forlorn** [fərlɔ́ːrn]　　　　(adj.) 絶望した、惨めな
for + lorn
完全に　失う

> Why do you have such a **forlorn** look on your face?

なぜあなたは、そのような絶望的したような表情をしているのですか。

○ **forsake** [fərséik]　　　　(v.) 見捨てる、見放す、やめる
for + sake
完全に　否定する

> I know what he did was wrong, but think carefully before you completely **forsake** him.

私には彼がしたことが間違いだとわかっているが、あなたは彼を完全に見捨てる前に慎重に考えなさい。

039 fore-   前の、先の

☐ **forebear** [fɔ́ːrbèər]　　　(n.) 祖先、先祖
fore + bear
前の　　存在

> Our **forebears** struggled hard to survive in this country.

私たちの先祖は、この国で生きのびるためにとても苦労しました。
　■類語：ancestor [ǽnsestər]　先祖
　■注意：常に複数形で使われる。

☐ **forebode** [fɔːrbóud]　　　(v.) …の前触れとなる、前兆となる
fore + bode
前の　　告知

> Do you think her speech **forebodes** something bad?

あなたは彼女のスピーチは何か悪いことの前触れだと思いますか。

☐ **foreground** [fɔ́ːrgràund]　(n.) 前景、最前面
fore + ground
前の　　地面

> In the photograph, the people are standing in the **foreground**.

その写真では、人々が前景に立っている。
　■反意語：background [bǽkgràund]　背景

○ **foretell** [fɔːrtél]　　　　(v.) 予言する、予告する、前兆となる
fore + tell
前の　物語る

> The wise man **foretold** terrible things to come if the villagers didn't prepare for a flood.

その賢者は、村人が洪水に備えていないと恐ろしいことが起こると予言した。

○ **forewarn** [fɔːrwɔ́ːrn]　　(v.) あらかじめ警告する
fore + warn
前の　警告

> Since we can't predict earthquakes, it's hard to **forewarn** people about them.

私たちは地震を予知することはできないので、人々にそれをあらかじめ警告するのは難しい。

- ■参考：Forewarned is forearmed. あらかじめの警告はあらかじめの警備＝転ばぬ先の杖（ことわざ）
- ■類語：forecast [fɔ́ːrkæst]　予報する、予測する

040 hetero-　異なる、他の

☐ **heterodox** [hétərədàks]　(adj.) 異端の、非正統説の
hetero + dox
異なる　　意見

> The priest was scolded for his **heterodox** ways.

その司祭は、彼の異端的なやり方を叱責された。

■反意語：orthodox [ɔ́:rθədàks]　正統的な、因習的な

☐ **heterogeneous** [hètərədʒí:niəs]　(adj.) 多民族からなる、多元的な、異質の、雑多な
hetero + gene + 189 ous
異なる　　生じる　　形

> A **heterogeneous** society includes people from varied backgrounds.

多民族社会には、さまざまな背景を持った人々が集まっている。

☐ **heterograft** [hétərəgræft]　(n.) 異種移植
hetero + graft
異なる　　接ぎ木

> Some procedures use **heterograft** to save a person's life by using tissue from an animal.

動物の組織を使って人の命を救うために、異種移植を利用する治療法もある。

◯ **heteronomous** [hètəránəməs]　　(adj.) 別の法則に従う
hetero + nom + [189] ous
　異なる　　　法　　　　形

> The foreign diplomat's case is **heteronomous**, since he isn't subject to the laws of this country.

その外交官の事件は別の法律に従うことになる。彼はこの国の法律の対象とはならないからだ。

◯ **heterosexual** [hètərousékʃuəl]　　(adj.) 異性愛(者)の　(n.) 異性愛者
hetero + sex + [193] ual
　異なる　　性　　　形

> The singer always said he was **heterosexual**, but few people believed him.

その歌手は自分が異性愛者だといつも言っていたが、彼を信じた人はほとんどいなかった。

■反意語：homosexual [hòumousékʃuəl]　同性愛(者)の

Review Section 04 Items 031-040

A それぞれの文を完成させるために最も適した単語を選びなさい。

| endoskeletons | euphemism | exudes |
| extracurricular | forsaking | forebode |

1. Joining clubs and sports teams are two popular _____ activities.

2. The way Harrison walks, with his back straight and head held high, _____ an air of confidence.

3. As some fish have thin, clear scales through which light can pass, it's possible to see their _____ as they swim.

4. In an attempt to lose weight, Naomi is _____ junk food.

5. They are calling it a "residential enhancement fee," but that's just a(n) _____ for a new tax.

6. Those dark clouds _____ a powerful storm, so you're better off staying indoors.

B イタリックで示した単語と同じ意味となる語句を選びなさい。

1. The bear was *enraged* by a teenager who threw small rocks over the fence.
   A. made confused
   B. made angry
   C. made scared

2. The astronaut, considered a national hero, was greeted with *euphoria* upon his return to Earth.
   A. wide praise
   B. great joy
   C. deep jealousy

3. Up to this point, 17 vases have been *excavated* from the site.
   A. dug up
   B. set up
   C. made up

4. The spike in property values was followed by an *exodus* of lower income families.
   A. concern
   B. complaint
   C. flight

5. Many parents *forbid* their children from playing video games until their homework is done.
   A. caution
   B. disallow
   C. scold

6. Some people believe the fallen rocket is *extraterrestrial* in origin, but the government insists it's a piece of military hardware.
   A. not from Earth
   B. of an official nature
   C. using advanced technology

C それぞれの文が正しければ **T(True)** を、誤っていれば **F(False)** を○で囲みなさい。

1. T / F   An endoscope is used to examine a patient's skin and hair.
2. T / F   The epicenter of an earthquake is the exact point of its occurrence.
3. T / F   When you give someone a forewarning, you tell them about an event before it happens.
4. T / F   A heterogeneous society is likely to have restaurants with cuisine from many cultures.
5. T / F   If a law is enacted, it means people no longer have to follow it.
6. T / F   A play's epilogue comes between the first and second act.

Review Section 04 Items 031-040

A
1. クラブやスポーツチームに参加することは、2つの人気がある<u>課外活動</u>だ。**(extracurricular)**
2. ハリソンの歩き方は、背筋を伸ばし頭をまっすぐにしているので、自信に満ちた雰囲気を<u>醸し出している</u>。**(exudes)**
3. 魚の中には、光が透けるほど薄くて透明なウロコを持っているので、泳いでいるときにその<u>内骨格</u>を見ることができるものがある。**(endoskeletons)**
4. 体重を減らそうとして、ナオミはジャンクフードを（食べるのを）<u>やめている</u>。**(forsaking)**
5. 彼らはそれを「住宅向上費」と呼んでいるが、新しい税金の<u>遠回しな表現</u>にしかすぎない。**(euphemism)**
6. あそこの暗い雲は強力な嵐の<u>前触れ</u>だから、あなたは屋内にとどまっていたほうがいい。**(forebode)**

B
1. そのクマは、フェンス越しに小さな岩を投げたティーンエイジャーに激怒した。
    A. 混乱した
    B. 怒った　○
    C. 怖がった
2. 国民的英雄と見なされたその宇宙飛行士は、地球に戻ると熱狂をもって迎えられた。
    A. 大きな称賛
    B. 大喜び　○
    C. 深い嫉妬
3. 現時点までに、17個のつぼが遺跡から発掘されている。
    A. 掘り出されて　○
    B. 設置されて
    C. 作り上げられて
4. 不動産価格の急上昇のあとで、低所得家族の大量流出が続いた。
    A. 心配
    B. 苦情
    C. 脱出　○
5. 多くの親は、子どもたちが宿題を終えるまでビデオゲームで遊ぶことを禁じている。
    A. 警告する
    B. 認めない　○
    C. 叱る
6. その落下したロケットが地球外から来たものだと信じている人々もいるが、政府は軍隊の装備の一部だと主張している。
    A. 地球のものではない　○
    B. 公式な性質の
    C. 高度な技術を使用した

C
1. 内視鏡は、患者の皮膚や毛髪を検査するために使われる。**(F)**
2. 地震の震央とは、それが発生した正確な地点のことである。**(T)**
3. 人に警告を与える場合、何かが起こる前にそのことを教えることになる。**(T)**
4. 多民族な社会には、さまざまな文化の料理を提供するレストランがあることが多い。**(T)**
5. 法が制定されると、人々は、もはやそれに従わなくてもいいことになる。**(F)**
6. 演劇のエピローグは、第1幕と第2幕の間に置かれる。**(F)**

041 homo- 同じ、人

☐ **homogeneous** [hòumədʒíːniəs]　　(adj.) 同質的な、同種の
homo + gene + ₁₈₉ ous
同じ　　生む　　形

> Very isolated countries often have **homogeneous** populations.

非常に孤立している国々には、しばしば同質的な人々がいる。

☐ **homologous** [həmáləgəs]　　(adj.) 相応する、一致する
homo + log + ₁₈₉ ous
同じ　　言葉　　形

> Since the two companies are roughly **homologous**, their merger should be smooth.

その2社はほぼ相応しているので、合併はスムーズであるはずだ。

◯ **homonym** [hámənìm]　　(n.) 同音同綴異義語（同じつづりと発音で別の意味を持つ語）
homo + nym
同じ　　名前

> Two words that sound the same are **homonyms**.

同じ音を持つ２つの単語は同音同綴異義語である。

◯ **homophone** [háməfòun]　(n.) 同音異義語（つづりは異なるが発音が同じで別の意味を持つ語）
homo + phone
同じ　　音声

> "Two" and "to" are **homophones**.

"two" と "to" は同音異義語である。

◯ **Homo sapiens** [hámə séipiənz]　　(n.) 人類、人間
homo + sapiens
　人　　　理性

> There are more than seven billion **Homo sapiens** on the planet.

地球上には 70 億以上の人類が存在します。

042 hyper-　極度の、非常に、巨大な

☐ **hyperactive** [haipərǽktiv]　　(adj.) 運動過剰の、異常に活動的な
hyper + act + 186 ive
極度の　行動　　形

> **Hyperactive** children have a hard time keeping calm.

運動過剰の子ども（多動児）は、なかなか落ち着いていられない。

☐ **hyperacute** [haipərəkjúːt]　　(adj.) 非常に鋭い
hyper + ac + ute
非常に　とがった　形

> Bob's **hyperacute** sense of smell makes him an excellent chef.

ボブの非常に鋭い嗅覚は、彼を優秀なシェフにしてくれる。

☐ **hypermarket** [háipərmàːrkit]　　(n.) 大型スーパーマーケット
hyper + market
巨大な　　市場

> We can get most of our shopping done at the **hypermarket**.

私たちは、大型スーパーマーケットで私たちの買い物のほとんどをすませることができる。

○ **hypersensitive** [haipərsénsətiv]　　(adj.) 神経過敏な、敏感な
hyper + sens + 186 itive
極度の　　感覚　　　形

> **Hypersensitive** people don't like being made fun of.

神経過敏な人は、からかわれることを嫌がる。

○ **hypertension** [haipərténʃən]　　(n.) 高血圧、極度の緊張
hyper + tens + 135 ion
極度の　　伸ばす　　名

> Exercise is a great way to reduce **hypertension**.

運動は高血圧を軽減するための素晴らしい方法だ。

■ 反意語：hypotension [haipəténʃən]　低血圧

043 hypo-　下に、低い、不足の

◯ **hypodermic** [hàipədə́ːrmik]　　　(adj.) 皮下（注射）の、皮下の
hypo + derm + ₁₇₉ ic
下に　　皮膚　　　形

> The drug was administered with a **hypodermic** needle.

薬は皮下注射器で投与された。

◯ **hypoglycemia** [hàipouglasíːmiə]　　(n.) 低血糖（症）
hypo + glyc + emia
低い　　糖　　血

> People with **hypoglycemia** shouldn't eat a lot of sugar.

低血糖症の人は、砂糖を多量に摂取してはいけない。

◯ **hypotension** [haipouténʃən]　　(n.) 低血圧（症）
hypo + tens + ₁₃₅ ion
低い　　伸ばす　　名

> The doctor told the woman she had **hypotension**.

医者は、その女性に低血圧症があると言った。

○ **hypothermia** [hàipəθéːrmiə]　　　(n.) 低体温（症）
hypo + therm + ₁₂₉ ia
低い　　熱　　名（病気）

> When the rescuers found the little girl, she was suffering from **hypothermia**.

救助隊がその少女を見つけたとき、彼女は低体温症に陥っていた。
■反意語：hyperthermia [haipərθéːrmiə]　高体温、高熱

○ **hypothesis** [haipáθəsis]　　　(n.) 仮説、仮定
hypo + thes + (s)is
下に　　置く　　名

> Without further experimentation, we can't verify the **hypothesis**.

さらに実験を行わなければ、私たちはその仮説を実証することはできない。
■注意：複数形は hypotheses [haipáθəsìːz]

044　ig-　不…、無…

○ **ignoble** [ignóubl]　　　(adj.) 不名誉な、下劣な
ig + noble
不　　名誉な

> The dictator fled late at night, signaling an **ignoble** end to a once powerful regime.

その独裁者は夜更けに逃走し、かつて強大だった政権の不名誉な終焉を示した。

○ **ignominious** [ìgnəmíniəs]　(adj.) 不名誉な、恥ずべき
ig + nomin + 189 ious
不　　名前　　　形

> Admitting that he had cheated on the test was an **ignominious** confession.

彼がテストでカンニングしたと認めることは、不名誉な告白だった。
　■類語：dishonorable [disánərəbl]　下品な、不名誉な、恥ずべき

○ **ignominy** [ígnəmìni]　　(n.) 生き恥、不名誉、屈辱
ig + nomin + 156 y
不　　名前　　名

> Unable to endure the **ignominy** of his criminal past, the man left his hometown.

自分の犯罪歴の生き恥に耐えることができず、その男は故郷を去った。
　■類語：dishonor [disánər]　不名誉、恥辱

○ **ignorance** [ígnərəns]   (n.) 無知、無学
i(g) + gnor + ₁₁₀ ance
　不　　　知る　　　　名

> I must admit **ignorance** when it comes to the laws related to real estate purchases.

不動産の購入に関する法律に関しては、私は無知を認めなければならない。

○ **ignore** [ignɔ́ːr]   (v.) 無視する、相手にしない
i(g) + gnore
　不　　　知る

> If the oven starts to make strange noises, just **ignore** it.

そのオーブンが奇妙な音を立て始めても、無視してください。
　■類語：neglect [niglékt]　無視する、軽んずる

045　im-　不…、非…、未…、中に［へ］

☐ **immature** [ìmətʃúər]　　(adj.) 子どもっぽい、未熟な、未完成の
im + mature
不　　熟した

> If you behave like a monkey, people will think you're **immature**.

あなたがサルのように振る舞うと、人はあなたのことを子どもっぽいと思うだろう。
　■類語：childish [tʃáildiʃ]　子どもらしい、子どもじみた、幼稚な

☐ **immobilize** [imóubəlàiz]　(v.) 動けなくする
im + mob + 181 il(e) + 162 ize
不　　動く　　形（できる）　　動

> The first thing we need to do is to **immobilize** the wild boar.

私たちが最初にするべきことは、そのイノシシを動けなくすることだ。

○ **immoral** [imɔ́:rəl]　　　(adj.) 倫理に反する、不道徳な、みだらな
im + mor + 165 al
不　　習慣　　形

> You don't need me to tell you that stealing is **immoral**.

盗みが倫理に反することは、私が言わなくてもわかるはずだ。

○ **imperfect** [impə́:rfikt]　　(adj.) 不完全な、欠陥がある
im + 070 per + fect
不　　完全に　する

> Although the system is **imperfect**, it still functions fairly well.

そのシステムは不完全だが、それでもかなりよく機能する。
　■類語：defective [difékiv]　欠陥のある、不完全な

○ **impossible** [impɑ́səbl]　　(adj.) 不可能な、ありえない
im + poss + 178 ible
不　　可能な　　形

> Two hundred years ago, most people thought flying to the moon was **impossible**.

200年前には、ほとんどの人々が月への飛行は不可能だと思っていた。

113

046　in-　不…、非…、未…、中[上]に、…へ

☐ **inaccurate** [inǽkjurət]　　(adj.) 不正確な
in + ac + cur(e) + ₁₇₀ ate
不　　…に　　注意　　　形

I'm sorry to say the initial report was **inaccurate**.

最初のレポートが不正確だったと言ったことは申し訳ありません。
　■類語：fallacious [fəléiʃəs]　誤りのある、当てにならない

☐ **incorrect** [ìnkərékt]　　(adj.) 間違っている、事実に反する
in + ₀₂₃ cor + rect
不　　一緒に　　まっすぐにする

Almost everything written in that memo is **incorrect**.

そのメモに書かれたほとんどすべてのことは間違っている。

☐ **inept** [inépt]　　(adj.) 不適切な、不器用な、無能な
in + ept
不　　適切な

The **inept** manager was fired after two weeks on the job.

その無能なマネージャーは、仕事について2週間後に解雇された。

○ **informal** [infɔ́ːrməl]　　　(adj.) 形式張らない、非公式の、気楽な
in + form + ₁₆₅ al
非　　形式　　　形

It will be an **informal** dinner, so just wear something casual.

それは形式張らない夕食会なので、ただカジュアルな服装をしてください。
■類語：casual [kǽʒuəl]　カジュアルな、気楽な、くだけた

○ **insane** [inséin]　　　(adj.) 精神異常の、正気ではない
in + sane
不　　健康な

The judge decided the man was **insane** and ordered him sent to a mental institution.

裁判官は、その男性が精神異常だと判断し、彼を精神病院に送るよう命じた。
■反意語：sane [séin]　正気の、健全な

047 inter-　間に、相互に、中に

☐ **interact** [ìntərǽkt]　　　(v.) 対話する、やりとりする、交流する
inter + act
相互に　行う

> It's important for students in a classroom to **interact** with each other.

教室内の学生がお互いに対話することが重要だ。

☐ **interject** [ìntərdʒékt]　　(v.) 口を差しはさむ
inter + ject
間に　投げる

> If you'll excuse me, I'd like to **interject** for a moment.

（お話中）失礼だが、ちょっと私にも口をはさませてほしい。
　■類語：interpose [ìntərpóuz]　言葉を差しはさむ

☐ **international** [ìntərnǽʃənl] (adj.) 国際的な、国家間の
inter + nat + 135 ion + 165 al
間に　生まれる　名　形

> The Peace Corps is an **international** organization.

平和部隊は、国際的な組織だ。

◯ **interplay** [ìntərpléi]　　　(n.) やりとり、相互作用、相互関係
inter + play
相互に　働かせる

> I like to watch the **interplay** between children in a playground.

私は、遊び場で子ども同士のやりとりを見るのが好きだ。

◯ **interwoven** [ìntərwóuvən]　(adj.) 織り込まれた、混ぜ合わされた
inter + woven
相互に　　織る

> In the story, several plot lines are **interwoven**.

その物語には、いくつかの話の筋が織り込まれている。

　■参考：woven は動詞 weave（織る、編む）の過去分詞形

048 intra-　内側の［へ］

○ **intramural** [ìntrəmjúərəl]　(adj.) 学内の、校内の、境界内の
intra + mur + 165 al
内側の　　壁　　　形

> This weekend, an **intramural** track meet will be held.

この週末に、学内の陸上競技大会が開催される。
■ 反意語：extramural [èkstrəmjúərəl]（2校以上の）学校対抗の、学外の

○ **intraparty** [ìntrəpá:rti]　(adj.) 党内の
intra + part + 194 y
内側の　部分　　名

> Delegates at the national convention attempted to avoid **intraparty** conflicts while presenting a united front.

全国集会に集まった代表者たちは、統一戦線を示しながら、党内抗争を避けようとした。

○ **intrauterine** [ìntrəjú:tərin]　(adj.) 子宮内の
intra + uter + ine
内側の　子宮　　名（…に関する）

> Unborn babies are fed by **intrauterine** nutrients.

胎児は子宮内の栄養素が与えられる。
■ 参考：uterus [jú:tərəs] は「子宮」という意味の名詞

○ **intravascular** [ìntrəvǽskjulər]　　　(adj.) 血管内の
intra + vas + cular
内側の　　血管　　形

> This is a diagram of the animal's **intravascular** system.

これは、その動物の血管内の組織の概略図である。
　　■参考：vessel [vésəl] は「血管」という意味の名詞

○ **intravenous** [ìntrəvíːnəs]　　　(adj.) 静脈注射の、静脈内の
intra + ven + 189 ous
内側の　　静脈　　形

> Doctors hooked up an **intravenous** drip to the child's arm.

医師は、その子どもの腕に静脈注射の点滴を取り付けた。
　　■参考：vein [véin] は「静脈」という意味の名詞

049　ir-　不…、無…

○ **irredeemable** [ìridíːməbl]　(adj.) 交換できない、払い戻せない、治療できない
ir + 079 re + deem + 164 able
不　　再び　取る　　　形

> The sign clearly states that the coupons are **irredeemable** for cash.

その表示には、クーポンは現金と交換できないことがはっきりと示されている。

○ **irregular** [irégjulər]　(adj.) 不正な、不規則な、だらしのない
ir + reg + ular
不　規範　形

> The committee found the company guilty of **irregular** accounting practices.

委員会は、その企業が不正な会計慣行により有罪だと判断した。

○ **irrelevant** [irélǝvǝnt]　　(adj.) 無関係な、的はずれの
ir + 079 re + lev + 167 ant
不　　再び　上げる　　　形

> Her idea may be interesting, but it's **irrelevant** to the matter at hand.

彼女のアイデアは面白いかもしれないが、それは当面の問題とは無関係だ。
　■類語：unrelated [ʌnriléitid]　無関係な

○ **irreparable** [irépǝrǝbl]　　(adj.) 修繕のしようがない、取り返しのつかない
ir + 079 re + par + 164 able
不　　再び　準備する　　形

> The typhoon caused **irreparable** damage to the building.

その台風は、建物に修繕のしようがない被害をもたらした。

○ **irresponsible** [irispánsǝbl]　(adj.) 無責任な、いい加減な
ir + 079 re + spons + 178 ible
不　　再び　約束する　　形

> If you're going to be **irresponsible**, you'll have to suffer the consequences.

あなたが無責任であれば、その結果を引き受けなければならないだろう。

050 iso- 同じ、等しい

☐ **isogeny** [aisádʒəni] (n.)（遺伝子について）同質性、同種同系
iso + gen + ₁₅₆ y
同じ　生む　　名

> Researchers were surprised to discover the **isogeny** of the two organs.
>
> 研究者たちは、2つの器官の同質性を発見して驚いた。

☐ **isometric** [àisəmétrik] (adj.) 同じサイズの
iso + metr + ₁₇₉ ic
同じ　寸法　　形

> The vehicles are **isometric**, so we can add them both to our fleet.
>
> それらの車両は同じサイズなので、私たちは両方とも私たちの保有する車両に追加することができる。

☐ **isotonic** [àisətánik] (adj.)（筋肉が）等張性の、（液体が）等調の
iso + ton + ₁₇₉ ic
同じ　調子　　形

> The trainer determined the injury was caused by strenuous **isotonic** activity.
>
> トレーナーは、そのケガが激しい等張性の運動によって引き起こされたと判断した。

◯ **isotope** [áisətòup]　　　(n.) 同位体、アイソトープ
iso + tope
同じ　　場所

> These two elements are **isotopes**.

これらの2つの元素は、同位体だ。

◯ **isotropic** [àisətrápik]　　(adj.) 等方性の
iso + trop + [179] ic
同じ　回転　　形

> The shape is **isotropic**, so it looks the same from every side.

形が等方性なので、それはすべての側から同じように見える。

Review Section 05 Items 041-050

A それぞれの文を完成させるために最も適した単語を選びなさい。

| hypersensitive | ignorance | immoral |
| inept | interplay | intravenous |

1. As Mary rested on the hospital bed, a(n) _____ line provided her with vital fluids.
2. If you knew Kyle was _____, why did you make a joke about his nose? Now he's upset.
3. The novel was considered _____ because it went against widely held social norms.
4. Surrounded by a group of experts, I felt embarrassed by my _____. I really need to learn more about the field!
5. The _____ between the singers made for a very special performance.
6. I hate to say it, but whoever repaired this wall was _____. It needs to be completely redone.

B イタリックで示した単語と同じ意味となる語句を選びなさい。

1. Some researchers feel seafood was important in the diets of early *Homo sapiens*.
   A. people
   B. shell fish
   C. predators

2. When the famous artist was found to have signed and sold the work of others, the *ignominious* act became front page news.
   A. illegal
   B. widespread
   C. shameful

3. The defense lawyer argued that his client was *insane* and could not be held responsible for his actions.
   A. violent
   B. underage
   C. mentally ill

4. The fire caused *irreparable* damage to much of the bottling factory's equipment.
   A. difficult to identify
   B. unable to be fixed
   C. likely to reoccur

5. Comedians are unique in being accepted and even beloved for their *immature* behavior.
   A. childlike
   B. humorous
   C. creative

6. An *intramural* competition could be a good way to get more people involved in athletics.
   A. among some coworkers
   B. without any restrictions
   C. within a school

C それぞれの文が正しければ **T(True)** を、誤っていれば **F(False)** を○で囲みなさい。

1. **T / F** A hyperactive person has trouble sitting still for long periods of time.
2. **T / F** When you present evidence to support a theory, that evidence is called a hypothesis.
3. **T / F** If you interject during a speech, you say something before the person is finished talking.
4. **T / F** A building that is isotropic may be flat on one side and curved on another.
5. **T / F** Homogenous countries are known for having many residents from other races and cultures.
6. **T / F** Bringing up irrelevant information during a meeting is a waste of everyone's time.

Review Section 05 Items 041-050

A
1. メアリーが病院のベッドで安静にしているとき、<u>静脈内への</u>管が大事な液剤を提供した。**(intravenous)**
2. カイルが<u>神経過敏だ</u>と知っていたなら、なぜあなたは彼の鼻のことで冗談を言ったのですか。今、彼は動揺しています。**(hypersensitive)**
3. それは広く行き渡っている社会規範に反していたために、その小説は<u>不道徳</u>とみなされた。**(immoral)**
4. 専門家のグループに囲まれて、私は自分の<u>無知</u>が恥ずかしかった。私は本当にこの分野についてもっと学ぶ必要がある。**(ignorance)**
5. 歌手たちの間の<u>相互作用が</u>、とても特別な演奏を生み出した。**(interplay)**
6. こう言っては悪いが、この<u>壁</u>を修復した人は<u>未熟だ</u>。それは完全にやり直さなければならない。**(inept)**

B
1. 一部の研究者は、初期の人類の食生活では魚介類が重要であったと考えている。
   A. 人々
   B. 貝　○
   C. 捕食動物
2. その有名な画家が他人の作品に署名して売ったことが判明したとき、その恥ずべき行為は、新聞の第一面の記事になった。
   A. 違法な
   B. 広範な
   C. 恥ずべき　○
3. 弁護人は、彼の依頼人が正気ではなく、その行動に対して責任を負わされるべきではないと主張した。
   A. 暴力的な
   B. 未成年で
   C. 精神を病んで　○
4. その火災は、瓶詰め工場の設備の多くに取り返しのつかない被害をもたらした。
   A. 識別することが難しい
   B. 修復することが難しい　○
   C. 再発する可能性が高い
5. コメディアンというものは、子どもっぽい行動が受け入れられ、愛されさえする独特な存在である。
   A. 子どもっぽい　○
   B. ユーモラスな
   C. 創造的な
6. 学内の競技会は、もっと多くの人を運動競技に参加させるよい方法の1つだ。
   A. 同僚の間での
   B. なんの制限のない
   C. 学内の　○

C
1. 運動過剰な人は、長時間じっと座っていることが難しい。**(T)**
2. ある理論を支持する証拠を提示するときは、その証拠は仮説と呼ばれる。**(F)**
3. 人の話の途中で口を差しはさむというのは、その人が話し終える前に何かを言うことである。**(T)**
4. 等方性の建物は、片側が平らで、もう一方の面が湾曲していることがある。**(F)**
5. 多民族国家には、異なる民族や文化からの多くの住民がいることが知られている。**(F)**
6. 会議中に無関係な情報を持ち出すことは、みんなの時間の無駄だ。**(T)**

051 kilo- 千、キロ

◯ **kilobyte** [kíləbait]　　　(n.) キロバイト、KB
kilo + byte
千　　バイト

> The size of the file is 23 **kilobytes**.

そのファイルのサイズは 23 キロバイトある。

◯ **kilogram** [kíləgræm]　　(n.) キログラム
kilo + gram
千　　グラム

> You're only allowed to check in 30 **kilograms** of luggage.

あなたは、30 キログラムまでの荷物しか預け入れることはできません。

◯ **kilojoule** [kílədʒùːl]　　(n.)（仕事の単位で）キロジュール
kilo + joule
　千　　ジュール

> How many **kilojoules** of energy were produced by the experiment?

その実験では、何キロジュールのエネルギーが生み出されたのですか。
　　■起源：ジュールは、英国の物理学者 James Prescott Joule の名前にちなむ

◯ **kilometer** [kilάmətər]　　(n.) キロメートル
kilo + meter
　千　　メートル

> It takes me 30 minutes to run four **kilometers**.

私は 4 キロメートルを走るのに 30 分かかる。

◯ **kilovolt** [kíləvòult]　　(n.) キロボルト
kilo + volt
　千　　ボルト

> The gauge measures electricity in **kilovolts**.

その測定器はキロボルト単位で電力を計測する。
　　■起源：ボルトは、イタリアの物理学者 Alessandro Volta の名前にちなむ

052 macro- 大…、長い

○ **macrobiotic** [mæ̀kroubaiɑ́tik]　　(adj.) 自然（長寿）食の、マクロビオティックスの
macro + biot + 179 ic
　長い　　生命　　　形

Paul has just started on a **macrobiotic** diet.

ポールは、自然（長寿）食の食生活を開めたばかりだ。

○ **macroclimate** [mǽkrouklàimit]　(n.) 大気候、広域の気候
macro + clim + ate
　大　　　傾斜　　　名

This department's responsibility is to measure the continent's **macroclimate**.

この部署の任務は、大陸の大気候を測定することだ。
■反意語：microclimate [máikrouklàimit]　微気候、小気候

○ **macrocosm** [mǽkrəkàzm]　　(n.) 大宇宙、大世界
macro + cosm
　大　　　宇宙

The Earth is a kind of **macrocosm**.

地球は一種の大宇宙である。
■反意語：microcosm [máikroukàzm]　小宇宙

○ **macrometer** [məkrámətər]　　　　(n.) 測距器
macro + meter
　大　　　寸法

> A **macrometer** is used to measure the distance of faraway objects.

測距器は、遠くの物体までの距離を計測するために使われる。
　■反意語：micrometer [maikrámətər]　マイクロメーター

○ **macroeconomics** [mækrouekənámiks]　(n.) マクロ［巨視的］経済学
macro + econom + ics
　大　　　経済　　　名(学)

> Studies related to **macroeconomics** are useful in revealing general trends impacting businesses and consumers.

マクロ経済学の研究は、企業や消費者に影響を与える一般的な傾向を明らかにするうえで役に立つ。
　■反意語：microeconomics [màikrouekənámiks]　ミクロ［微視的］経済学

053 mal-　悪い、不良、不全

☐ **malcontent** [mǽlkɑ́ntent]　　　(n.) 不満、不平 (adj.) 反抗的な
mal + ₀₂₁ con + tent
悪い　　一緒に　保つ

The king's **malcontent** with neighboring countries led to his making several unwise decisions.

国王の近隣諸国に対する不満は、いくつかの愚かな意思決定につながった。

☐ **malfunction** [mælfʌ́ŋkʃən]　　　(n.) 誤動作、機能不全　(v.) 正しく動かない
mal + funct + ion
悪い　実行　名

Any **malfunction** in the equipment should be reported to the supervisor.

その機器のどのような誤動作も、管理者に報告しなければならない。
　■類語：breakdown [bréikdàun]　故障、消耗

☐ **malicious** [məlíʃəs]　　　(adj.) 悪意に満ちた、意地の悪い、故意の
mal + ic(e) + ₁₈₉ ious
悪い　名　　形

I don't know why she would make such a **malicious** accusation.

彼女がなぜそのような悪意に満ちた非難をするのか私はわからない。
　■類語：spiteful [spáitfəl]　悪意に満ちた、恨みを抱いた

○ **malodorous** [mælóudərəs]　　　(adj.) 悪臭のする
mal + odor + ₁₈₉ ous
悪い　におい　　形

> There's always a **malodorous** air coming from the power plant.

その発電所からは、絶えず悪臭のする空気がやってくる。

○ **malpractice** [mælpræktis]　　　(n.) 医療過誤、不良措置
mal + pract + ice
悪い　実行する　名

> Doctors have insurance to protect themselves from **malpractice** suits.

医師は、医療過誤訴訟から身を守るために保険に加入している。

054　mega(lo)-　百万、メガ、巨大な

☐ **megabyte** [mégabait]　　(n.) メガバイト、MB
mega + byte
百万　　バイト

> How many **megabytes** is the photo?

その写真は何メガバイトですか。

☐ **megalith** [mégaliθ]　　(n.) 巨石遺跡
mega + lith
巨大な　石

> Most visitors to Easter Island go there to see the **megaliths**.

イースター島を訪れるほとんどの人々は、巨石遺跡を見るために行く。

☐ **megalomaniac** [mègəlouméiniæk]　　(n.) 誇大妄想者
megalo + mania + (ia)c
　巨大な　　狂気　　　形

> Powerful leaders are often accused of being **megalomaniacs**.

強大な指導者は、しばしば誇大妄想者と非難される。

☐ **megaphone** [mégafòun]　　　　(n.) 拡声器、メガフォン
mega + phone
　巨大な　　音声

> Use the **megaphone** to speak to the crowd.

群衆に向かって話すには拡声器を使いなさい。

☐ **megaton** [mégatÀn]　　　　　(n.) メガトン、100万トン
mega + ton
　百万　　トン

> Over time, nuclear weapons have grown in total **megaton** capacity.

時間が経つにつれ、核兵器は総メガトン数の点で拡大している。

055 meso- 中央、中間の

○ **Mesolithic** [mèzəlíθik]　(adj.) 中石器時代の（旧石器時代と新石器時代の中間の）
meso + lith + 179 ic
中間の　石　　形

Anthropologists have determined the cave paintings are **Mesolithic**.

人類学者たちは、洞窟絵画は中石器時代のものだと結論づけた。

○ **mesomorphic** [mèzəmɔ́ːrfik]　(adj.) 中間的な、（体型が）スポーツ選手のような
meso + morph + 179 ic
中間の　形態　　形

I don't understand the widespread obsession with having a **mesomorphic** figure.

私は、スポーツ選手のような体型を保つことに誰もが熱心なのが理解できない。

○ **Mesopotamia** [mèsəpətéimiə]　(n.) メソポタミア地方
meso + potamia
中間の　河川

Mesopotamia was the home of several of humankind's earliest civilizations.

メソポタミア地方は、いくつかある人類最古の文明の故郷だった。
■起源：チグリス川（Tigris）とユーフラテス川（Euphrates）の間に広がる地域であることから

○ **mesosphere** [mézəsfiər]　　　(n.) 中間圏
meso + sphere
中間の　　球体

> The **mesosphere** is part of a planet's atmosphere.

中間圏は、惑星の大気圏の一部である。

○ **Mesozoic** [mèzəzóuik]　　　(adj.) 中生代の
meso + zo + 179 ic
中間の　動物　　形

> During the **Mesozoic** period, life on Earth grew and spread in great diversity.

中生代の期間に、地球上の生命はさまざまな種類に成長し、広がった。

056 meta-　変化、後ろに

☐ **metabolism** [mətǽbəlìzm]　　　(n.) 新陳代謝、物質代謝
meta + bol + ₁₃₇ ism
変化　　投げる　　　名

> Gina's body has an especially fast **metabolism**.

ジーナの体には、特に活発な新陳代謝がある。

☐ **metachrosis** [mètəkróusis]　　　(n.) 変色能力
meta + chro + sis
変化　　色　　名(過程)

> Through **metachrosis**, a chameleon is able to change colors.

変色能力によって、カメレオンは色を変えることができる。

☐ **metamorphosis** [mètəmɔ́ːrfəsis]　(n.) 変身、変態、変形
meta + morph + ₁₅₁ osis
変化　　形態　　　名

> The creature in the movie undergoes a **metamorphosis** from a worm to a giant monster.

その映画の中の生物は、虫から巨大な怪物へ変身をする。

○ **metaphor** [métəfɔ̀:r]　　　(n.) 比喩的な表現、隠喩
meta + phor
　変化　　運ぶ

> Writers use **metaphors** to communicate messages in an unconventional way.

作家は、普通とは異なる方法でメッセージを伝えるために比喩的な表現を使う。

　■反意語：simile [síməli]　直喩表現、明喩

○ **metaphysical** [mètəfízikəl]　　　(adj.) 超自然的な、形而上学の
meta + physic(s) + al
　後ろに　　自然学　　形

> One cannot measure **metaphysical** phenomena with instruments.

人は、道具を使って超自然的な現象を測定することはできない。

　■類語：supernatural [sù:pərnǽtʃərəl]　超自然の、不可思議な
　■起源：形而上学は、アリストテレスの全集の中で physics「自然学」の後に配置されていた

057 micro- 小さい、微小

○ **microeconomics** [màikrouekənámiks]　　(n.) ミクロ［微視的］経済学
micro + eco + nom + ₁₃₁ ics
小さい　　家　　管理　　名(学)

Microeconomics is a required course for all business majors.

ミクロ経済学は、ビジネスを専攻するすべての学生の必須コースだ。

■反意語：macroeconomics [mæ̀krouekənámiks]　マクロ［巨視的］経済学

○ **microfiche** [máikrəfìːʃ]　　(n.) マイクロフィッシュ
micro + fiche
小さい　カード

All the newspaper articles can be read on microfiche files.

すべての新聞記事は、マイクロフィッシュのファイルで読むことができる。

◯ **microphone** [máikrəfòun] (n.) マイク、マイクロフォン
micro + phone
小さい　　音声

> These days, **microphones** can be made incredibly small.

最近では、マイクは信じられないほど小さく作ることができる。

◯ **microscope** [máikrəskòup] (n.) 顕微鏡
micro + scope
微小　　見る

> When I was younger, I liked looking at bugs under a **microscope**.

小さいころ、私は顕微鏡で微生物を見るのが好きだった。

◯ **microwave** [máikrəwèiv] (n.) 電子レンジ、マイクロ波
micro + wave
微小　　波

> **Microwave** ovens make heating food fast and easy.

電子レンジは、食品の加熱を素早く簡単にしてくれる。

058 milli-　1,000分の1、千

☐ **milligram** [míligræm]　　(n.) ミリグラム
milli + gram
1/1000　　グラム

> How many **milligrams** of the powder should we add?

その粉末を何ミリグラム追加する必要がありますか。

☐ **milliliter** [mílilìtər]　　(n.) ミリリットル
milli + liter
1/1000　　リットル

> There are 1,000 **milliliters** in one liter.

1リットルには1,000ミリリットルあります。

☐ **millimeter** [mílimìːtər]　　(n.) ミリメートル
milli + meter
1/1000　　メーター

> Leave several **millimeters** of space between each block of text.

テキストの各ブロックの間には、数ミリメートルのスペースをあけてください。

○ **millipede** [mÍləpìːd]　　(n.)（昆虫の）ヤスデ
milli + pede
　千　　　脚

> Among the insects in this area are several types of **millipedes**.

この地域の昆虫の中には、何種類かのヤスデがいる。
- ■注意：millepede ともつづられることがある。

○ **millisecond** [mÍlisèkənd]　(n.) ミリセカンド、1,000 分の 1 秒
milli + second
1/1000　　　秒

> Only **milliseconds** after the arrow was released, it hit its mark.

矢が放たれてわずか 1,000 分の 1 秒後に、それが標的に当たった。

059 mis- 誤って、不適当に

☐ **misaligned** [mìsəláind]   (adj.) 位置がずれている、ふぞろいの
mis + al + lign + 171 ed
誤って …に 線 　形

> Because the wheels were **misaligned**, the cart couldn't travel in a straight line.

車輪の位置がずれていたので、荷車はまっすぐに進むことができなかった。

☐ **misinformed** [mìsinfɔ́ːrmd]   (adj.) 間違った情報を与えられている
mis + 046 in + form + 171 ed
誤って 　中に 　形作る 　形

> If a reporter has been **misinformed** about a story, it can ruin the entire article.

リポーターが間違った情報を与えられていると、記事全体が台無しになってしまうだろう。

☐ **misnomer** [misnóumər]   (n.) 間違った呼び方、誤った名称
mis + nom + er
誤って 名前 　名

> "Big Daddy" is a **misnomer**, since he's only 150 centimeters tall.

彼の身長は150センチしかないので、「ビッグダディ」は間違った呼び方である。

◯ **mistake** [mistéik]　　　　(n.) 間違い　(v.) 間違う
mis + take
誤って　取る

> Double check the calculations to avoid making any **mistakes**.

いかなる間違いも避けるために、計算結果を再確認してください。
■注意：「間違いをする」は do a mistake ではなく make a mistake。

◯ **mistrust** [mistrʌ́st]　　　　(n.) 不信感　(v.) 信用しない
mis + trust
不　　信用

> In any relationship, **mistrust** can be disastrous.

どのような関係でも、不信感は不運な結果を招く。

060　mono-　単一

☐ **monogamous** [mənǽgəməs]　　　(adj.) 一夫一婦制の
mono + gam + 189 ous
単一　　結婚　　　形

> Most societies around the world are **monogamous**.

世界中のほとんどの社会は、一夫一婦制だ。
　■反意語：polygamous [pəlígəməs]　一夫多妻の

☐ **monograph** [mɑ́nəgræf]　　　(n.)（1つのテーマについての）研究論文
mono + graph
単一　　文書

> Many interesting facts were presented in the **monograph**.

多くの興味深い事実が、その研究論文で発表された。
　■類語：paper [péipər]　研究論文

☐ **monopoly** [mənɑ́pəli]　　　(n.) 一手販売、独占、専売、独り占め
mono + poly
単一　　売る

> Large companies have to be careful to avoid being accused of having a **monopoly** on a product.

大企業は、ある製品を一手販売していると非難されるのを避けるために用心しなければならない。

☐ **monosyllabic** [mànəsilǽbik]　　　(adj.) 単音節の、(言葉が) 簡潔な
mono + syl + lab + ₁₇₉ ic
単一　　同時に　取る　　　形

> The toddler can only communicate in **monosyllabic** sounds.

幼児は、単音節の音だけで意思の疎通ができる。
　■類語：syllable [síləbl]　音節

☐ **monotone** [mánətòun]　　　(adj.) 単調な、一本調子の
mono + tone
単一　　音

> The high pitched, **monotone** sound of the alarm was deafening.

警報音の甲高く、単調な音は耳をつんざくばかりだった。

Review Section 06 Items 051-060

A それぞれの文を完成させるために最も適した単語を選びなさい。

| kilovolts | macrobiotic | megaphone |
| microfiche | millipede | monopoly |

1. Mary is on a _____ diet, so she does a lot of her food shopping at local farmers' markets.
2. To encourage fair competition, most governments prevent companies from holding a _____ on an industry.
3. The speaker used a _____ to communicate with the large crowd.
4. This gauge shows how many _____ of electricity are being used at the facility.
5. Because it has so many legs, a _____ can walk up, down, and around nearly any object.
6. Before scanning became popular, using a _____ system was a common way to read old newspapers.

B イタリックで示した単語と同じ意味となる語句を選びなさい。

1. Though the forest's *macroscopic* creatures get most of our attention, there are many more unseen organisms populating the area.
   A. visible
   B. tree-dwelling
   C. single cell
2. When I opened the warehouse door, I was hit by a wave of *malodorous* air.
   A. dusty
   B. foul-smelling
   C. trapped inside
3. Fans were fascinated by the boxer's *metamorphosis* from a vicious fighter to a world-class flower arranger.
   A. transformation
   B. downfall
   C. announcement

4. "Black box" is something of a *misnomer*, since a plane's data recording device is orange.
   A. common description
   B. extra adjective
   C. inaccurate name

5. The newscaster is famous for delivering the news in a *monotone* voice.
   A. having a flat tone
   B. acting with sincerity
   C. speaking at a high volume

6. Kenneth is proud of his accomplishments, but I wouldn't call him a *megalomaniac*.
   A. someone who is widely respected by others
   B. someone with an extremely high opinion of themselves
   C. someone in a position of great responsibility

C それぞれの文が正しければ **T(True)** を、誤っていれば **F(False)** を○で囲みなさい。

1. T / F The mesosphere is a planet's inner layer, and it's very close to the planet's core.
2. T / F A microeconomics report might focus on a single company over a period of months.
3. T / F A millisecond is longer than a second but shorter than a minute.
4. T / F If a person is filled with malcontent, he or she will likely look for things to complain about.
5. T / F A person with a fast metabolism has an easier time staying thin than someone with a slow metabolism.
6. T / F Being misinformed about a situation means having accurate knowledge about it.

Review Section 06 Items 051-060

A
1. メアリーは自然食の食事をするようにしているので、彼女は地元の農作物直売所でたくさんの食品を買っている。(macrobiotic)
2. 公正な競争を促すために、たいていの政府は企業が１つの業界を独占することを防いでいる。(monopoly)
3. その演説者は、大勢の聴衆に話をするためにメガホンを使用していた。(megaphone)
4. この測定器は、その施設で何キロボルトの電気が使われているのかを表示する。(kilovolts)
5. ヤスデは非常に多くの脚を持っているので、ほぼどのような物体でも乗り越えたり回り込んだりすることができる。(millipede)
6. スキャニングが広まる前は、マイクロフィッシュを使うことが、古い新聞を読む一般的な方法だった。(microfiche)

B
1. その森林にいる肉眼で見える生物が私たちのほとんどの関心の集めるものの、この地域にはより多くの目に見えない生物が生息している。
   A. 目に見える ○
   B. 木の上に住んでいる
   C. 単細胞の
2. 私が倉庫のドアを開けたとき、悪臭のする空気が押し寄せてきた。
   A. ほこりっぽい
   B. 悪臭のする ○
   C. 中に閉じ込められた
3. ファンたちは、そのボクサーが、残忍な格闘家から世界でもトップクラスのフラワーアーチストに転身したことに興味をそそられた。
   A. 変身 ○
   B. 没落
   C. 発表
4. 飛行機の運航記録装置はオレンジ色なので、「ブラックボックス」はずいぶん誤った呼称である。
   A. 一般的な説明
   B. 余計な形容詞
   C. 不正確な名前 ○
5. そのニュースキャスターは、単調な声でニュースを伝えることで知られている。
   A. 平板な調子を持った ○
   B. 誠意をもって行動する
   C. 大声で話す
6. ケネスは自分が為し遂げたことを誇りに思っているが、私は彼を誇大妄想者だとは呼ばない。
   A. 広く他人から尊敬されている人物
   B. 自分自身を非常に高く評価する人物 ○
   C. 責任の重い地位にある人物

C
1. 中間圏とは、惑星の内側にある層で、惑星の中心核に非常に近いところにある。(F)
2. ミクロ経済学のレポートでは、数カ月の期間にわたって１つの企業に焦点を当てることがある。(T)
3. 千分の１秒は１秒よりも長いが、１分よりも短い。(F)
4. 人が不満でいっぱいな場合、彼または彼女は文句をつけるものを探そうとしがちである。(T)
5. 新陳代謝の速い人は、新陳代謝が遅い人よりも太らないでいるのが簡単である。(T)
6. ある状況について誤解することは、それについての正確な知識を持っているということである。(F)

061 multi- 多…、複数の

○ **multifaceted** [mʌ̀ltifǽsitid]　　　(adj.) 多方面にわたる、多才の
multi + facet + ed
　多　　　顔　　　形

> General Electric is a **multifaceted** company.

ゼネラルエレクトリック社は多方面で活動している企業だ。

○ **multimillionaire** [mʌ̀ltimiljənɛ́ər]　(n.) 億万長者
multi + million + aire
　多　　　百万　　　名(人)

> People who are successful in the stock market can become **multimillionaires**.

株式市場で成功する人々は、億万長者になることができる。

152

◯ **multinational** [mʌltinǽʃənl]　　(adj.) 多国籍の　(n.) 多国籍企業
multi + nat + ₁₃₅ ion + ₁₆₅ al
　多　　生まれ　　　名　　　形

> **Multinational** companies have branch offices in more than one country.

多国籍企業は、複数の国々に支社を持っている。

◯ **multiplex** [mʌ́ltiplèks]　　(n.) 複合施設
multi + plex
　多　　重なる

> There's a food court in the basement of the **multiplex**.

その複合施設の地下にフードコートがある。

◯ **multitask** [mʌ́ltitǽsk]　　(v.) 同時にいくつもの仕事をすること、マルチタスク
multi + task
　多　　任務

> It's dangerous to **multitask** while driving.

運転中にいくつもの作業をすることは危険だ。

062　neo-　新…

☐ **neocolonialism** [nìːoukəlóuniəlizm]　　(n.) 新植民地主義
neo + colon + ₁₇₇ ial + ₁₃₇ ism
新　　耕作　　　形　　名

The abuse of economic power can be a form of **neocolonialism**.

経済力の乱用は、新植民地主義の１つの形態となりえる。

☐ **Neolithic** [nìːəlíθik]　　(adj.) 新石器時代の
neo + lith + ₁₇₉ ic
新　　石　　形

Over there, by the river, there was once a thriving **Neolithic** settlement.

あちらの川岸に、かつて繁栄した新石器時代の集落があった。

☐ **neologism** [niálədʒìzm]　　(n.) 新語、新造語、新表現
neo + log + ₁₃₇ ism
新　　言葉　　名

Neologisms are creative ways to describe new phenomena.

新語は、新しい現象を記述するための創造的な方法である。
　　■ 類語：coinage [kɔ́inidʒ]　新語、発明

○ **neonatal** [nìːounéitl]　　　(adj.) 新生児の
neo + nat + 165 al
　新　　生まれる　　形

> Is this a common problem with **neonatal** infants?

これは新生児によくある問題ですか。

○ **neophyte** [níːəfàit]　　　(n.) 初心者、新参者
neo + phyte
　新　　植える

> I'm a poker **neophyte**, so don't be surprised when I lose!

私はポーカーの初心者だから、私が負けても驚かないでください。

063 non-　不…、非…、無い

○ **nonconformist** [nànkənfɔ́ːrmist]　　(n.) 一般常識にとらわれない人
non + ₀₂₁ con + form + ₁₃₈ ist
不　　　一緒に　形成する　　名(人)

Mario says he's a **nonconformist**, but he dresses like everyone else.

マリオは自分のことを一般常識にとらわれない人間だと言うが、彼はみんなと同じような服装をしている。

○ **nonexistent** [nànigzístənt]　　(adj.) 存在しない
non + ₀₃₅ ex + (s)ist + ₁₇₃ ent
不　　外へ　立つ　　形

Buffalo are virtually **nonexistent** in this part of the country.

バッファローは、この地域ではほとんど存在しない。

○ **nonplussed** [nɑnplʌ́st]　　(adj.) 冷静な
non + pluss + ₁₇₁ ed
無い　それ以上　　形

During the press conference, the politician was **nonplussed**, despite the tough questions.

記者会見の間、その政治家は厳しい質問にもかかわらず冷静だった。

■参考：nonplus [nɑnplʌ́s]　途方に暮れさせる、窮地　※特に《米》では non- を動詞の否定ととらえ、本来の意味とは反対の「冷静な、落ち着いた」という意味で多用される。
■起源：「それ以上（= plus）できることがない」ということから

○ **nonsense** [nánsens]　　　(n.) ばかな話、無意味な言葉、ばかげた行為
non + sense
無い　　感覚

Naturally, if you're going to speak **nonsense**, people are going to say something about it.

あなたがばかなことを言うつもりなら、当然、人々はそれについて何か言うだろう。

○ **nonsmoker** [nànsmóukər]　　(n.) 非喫煙者
non + smoke + 122 (e)r
非　　　煙　　　名(人)

Fortunately, many restaurants now have clean air sections for **nonsmokers**.

幸いなことに、多くのレストランには今では非喫煙者のために空気のきれいな区域がある。

064 ob-　逆に、…へ、上に

☐ **object**　　(v.) [əbdʒékt] 反対する、苦情を言う　(n.) [ábdʒikt] 目的、物体
ob + ject
逆に　投げる

> Would you **object** to my bringing a friend to the party?

あなたは私がそのパーティーに友人を連れて行くことに反対するのですか。
■用法：object to ...　…に反対する

☐ **oblique** [əblíːk]　　(adj.) 斜めの、傾いた、斜体の
ob + li + ₁₉₁ que
逆に　曲げる　[形]

> These two streets meet at an **oblique** angle.

これらの2つの通りが、斜めの角度で交差している。
■類語：crooked [krúːkid] 曲がった、ねじれた

☐ **obscene** [əbsíːn]　　(adj.) わいせつな、いやらしい
ob + scene
…へ　　汚い

> The **obscene** painting was removed after several people complained about it.

そのわいせつな絵は、何人かの人々がそれについて苦情を言った後で取り除かれた。
■反意語：decent [díːsnt]　礼儀正しい、きちんとした

☐ **obtuse** [əbtjúːs]　　　　(adj.) 鈍感な、とがっていない、わかりにくい
ob + tuse
逆に　打つ

> The **obtuse** audience members could not understand the speaker.

鈍感な聴衆は、その演説者の言うことを理解できなかった。
■ 反意語：acute [əkjúːt]　鋭い、敏感な、深刻な

☐ **obvious** [ábviəs]　　　　(adj.) 明白な、明らかな
ob + vi + 189 ous
上に　道　形

> It's **obvious** to the commission that more buses need to be built.

バスをもっと作る必要があることは、委員会には明らかだ。
■ 反意語：obscure [əbskjúər]　不明瞭な、わかりにくい、目立たない

065　omni-　全…、すべて

○ **omnidirectional** [àmnidirékʃənl]　　　(adj.) 全方向性の、無指向性の
omni + ₀₂₆ di + rect + ₁₃₅ ion + ₁₆₅ al
すべて　　離れて　導く　　名　　　形

The radio station uses an **omnidirectional** transmitter.

そのラジオ局は、全方向性の送信機を使っている。

○ **omnipotent** [ɑmnípətənt]　　　(adj.) 全能の
omni + pot + ₁₇₃ ent
全　　能力　　形

In Greek mythology, Zeus, the king of gods, is **omnipotent**.

ギリシア神話では、神々の王ゼウスは全能である。
　　■類語：almighty [ɔːlmáiti]　全能の、絶大な
　　■反意語：impotent [ímpətənt]　無能な、無力な

◯ **omnipresent** [ɑ̀mniprézənt]　　　(adj.) 同時にあらゆるところに存在する
omni + 074 pre + sent
すべて　　前に　　いる

> It seems that some celebrities are on TV so often that they're almost **omnipresent**.

何人かの有名人は頻繁にテレビに登場するので、彼らは同時にあらゆるところに存在しているようだ。

◯ **omniscient** [ɑmníʃənt]　　　(adj.) すべてを知っている、全知の
omni + scient
すべて　　知る

> I am certainly not **omniscient**, so I'll need your help from time to time.

もちろん私はすべてを知っているわけではないので、時々あなたの助けが必要になるだろう。

■ 参考：the Omniscient で「神」という意味

◯ **omnivorous** [ɑmnívərəs]　　　(adj.) 雑食性の
omni + vor + 189 ous
すべて　食べる　　形

> An **omnivorous** animal can survive in many different habitats.

雑食性の動物は、さまざまな異なる生息環境の中で生き残ることができる。

066 over-　上に、全体に、過剰に

☐ **overcast** [óuvərkæst]　　　　　(adj.) 薄暗い、曇った (n.) 雲、曇り
over + cast
全体に　投げる

> The sky is **overcast**, so we can't see very far.

空は薄暗いので、私たちはあまり遠くまで見えない。

☐ **overcharge** [òuvərtʃɑ́:rdʒ]　　(v.) 過剰請求をする、たくさん入れすぎる
over + charge
過剰に　積む

> That store is famous for **overcharging** people.

あの店は客に過剰請求をするので有名である。
　　■用法：be overcharged for ...　…について過剰請求される

☐ **overestimate** [òuvəréstəmeit]　(v.) 高く評価しすぎる、買いかぶる
over + estim + 157 ate
過剰に　評価　　　動

> You can never **overestimate** your competition.

競争相手を高く評価しすぎてしすぎるということはない。
　　■類語：overrate [òuvərréit]　過大評価する
　　■反意語：underestimate [ʌ̀ndəréstəmeit]　みくびる、過小評価する

☐ **overlook** [òuvərlúk]　　　(v.) 見落とす、見逃す
over + look
　上を　　見る

> I'll double check the form to make sure I didn't **overlook** anything.

私は何かを見落としていないか確認するために、用紙を確認します。
　■類語：neglect [niglékt]　無視する、忘れる、怠る

☐ **oversee** [òuvərsíː]　　　(v.) 監督する、目撃する
over + see
　全体に　　見る

> Jessie was assigned to **oversee** construction of the new plant.

ジェシーは、新工場の建設を監督する任務を割り当てられていた。

067　paleo-　古…、旧…、原始

☐ **paleobotany** [pèilioubátəni]　　　(n.) 古植物学
paleo + botan + 156 y
古　　　植物　　　名

The study of **paleobotany** can help us understand how modern plants evolved.

古植物学の研究は、現代の植物がどのように進化したのか私たちが理解するのに役立つ。

☐ **paleography** [pèiliágrəfi]　　　(n.) 古文書、古文書学
paleo + graph + 156 y
古　　　文書　　　名

Frank is specializing in the study of **paleography**.

フランクは、古文書の研究を専門としている。

☐ Paleolithic [pèiliəlíθik]　　　(adj.) 旧石器時代の
paleo + lith + 179 ic
　旧　　　石　　　形

> During the **Paleolithic** period, people used stone tools.

旧石器時代の間、人々は石器を使っていた。
　　■反意語：Neolithic [nìːəlíθik]　新石器時代の

☐ paleontology [pèiliəntálədʒi]　　　(n.) 古生物学
pale(o) + onto + 143 logy
　古　　　存在　　　名(学)

> Because of the scarcity of evidence, it takes a good imagination to study **paleontology**.

証拠が乏しいので、古生物学を勉強するには豊かな想像力が必要だ。

☐ Paleozoic [pèiliəzóuik]　　　(adj.) 古生代の
paleo + zo + 179 ic
　古　　動物　　形

> Apparently, this fossil dates back to the **Paleozoic** period.

どうやら、この化石は古生代の時代までさかのぼるようだ。

068　pan-　すべて、全…、総…

◯ **pancreas** [pǽnkriəs]　　　　　　　　(n.) 膵臓
pan + creas
すべて　　肉

> This food is supposed to be good for your **pancreas**.

この食品は、あなたの膵臓によいとされている。
　■起源：全体的に肉質の臓器であることから

◯ **pandemic** [pændémik]　　　　　　(n.)（病気の）大流行
pan + dem + 179 ic　　　　　　　　　　(adj.) 全地域に広がった、普遍的な
すべて　人々　　形

> To prevent a flu **pandemic**, sick people were ordered to stay at home.

インフルエンザの大流行を防ぐため、病人は自宅待機を命じられた。

◯ **pandemonium** [pændəmóuniəm]　(n.) 大混乱、大騒ぎ
pan + demon + 140 ium
すべて　　悪魔　　　名

> When the government announced a tax on television watching, **pandemonium** ensued.

政府がテレビの視聴に課税をすると発表したとき、すぐに大混乱が起きた。
　■起源：英国の詩人ミルトン（John Milton）作『失楽園』（Paradise Lost）に登場する地獄の首都 Pandaemonium から
　■類語：uproar [ʌ́prɔ̀ːr]　騒動、大騒ぎ

○ **panorama** [pæ̀nərǽmə]　　　(n.) パノラマ、全景
pan + orama
　全　　景色

> My favorite photograph in the exhibit was the **panorama** shot of the canyon.

その展覧会での私のお気に入りの写真は、峡谷のパノラマ写真だった。

　■ 参考：diorama [dàiərǽmə]　透視画、立体模型

○ **pantheon** [pǽnθiàn]　　　(n.) 万神殿、パンテオン
pan + the + on
　全　　神　　名

> The **pantheon** of Greek gods is supported by a rich legacy of stories and artwork.

ギリシアの神々の万神殿は、物語や美術品などの豊かな遺産によって支えられている。

069 para- 超えて、近くで、備える

◯ **paradox** [pǽrədɑ̀ks]　　　　　(n.) 逆説、パラドックス
para + dox
超えて　信じる

> "Ignorance is bliss" is a famous **paradox**.

「無知は至福である」とは、よく知られた逆説である。

◯ **paranoia** [pæ̀rənɔ́iə]　　　　(n.) 被害妄想、パラノイア
para + no + 129 ia
超えて　精神　名(病名)

> There is someone following me, and that is not **paranoia**!

誰かが私につきまとっていて、それは被害妄想なんかではありません！

◯ **paranormal** [pæ̀rənɔ́ːrməl]　　(adj.) 超常的な
para + norm + 179 al
超えて　標準　形

> People interested in the **paranormal** are curious about things like ghosts and UFOs.

超常現象に興味がある人は幽霊や UFO のようなものに興味がある。

■ 参考：the paranormal で「超常現象」という意味になる

○ **paraphernalia** [pærəfərnéijə]　　(n.) こまごまとした品物、道具一式
para + phernal + ia
超えて　　持参品　　名(複数)

> Fans of certain bands often collect **paraphernalia** related to the group.

あるバンドのファンは、しばしばグループに関連するこまごまとした品物を収集している。

- ■ 類語：equipment [ikwípmənt]　器具、備品、用具類
- ■ 起源：元の意味は「花嫁の持参金を超えたもの」。持参金は夫のものとなり、それ以外のものは花嫁の所有物となったことから

○ **parasite** [pǽrəsàit]　　(n.) 寄生虫、厄介者
para + site
近くで　　食物

> A **parasite** has a negative impact on the host organism.

寄生虫は、寄生相手の生物に悪影響を及ぼす。

- ■ 起源：他人の食卓でものを食べるということから

070 per-　完全に、非常に、すっかり、通して

☐ **perfect** [pə́ːrfikt]　　　(adj.) 満点の、完璧な、理想的な　(v.) 完成する
per + fect
完全に　行う

> I got a **perfect** score on the test!

私はテストで満点の成績をとった！
　■類語：flawless [flɔ́ːlis]　欠点のない、完全な

☐ **perform** [pərfɔ́ːrm]　　　(v.) 演奏する、実行する
per + form
完全に　形成する

> Who's scheduled to **perform** at the benefit concert?

誰がチャリティーコンサートで演奏する予定なのですか。

☐ **persuade** [pərswéid]　　　(v.) 納得させる、説得する
per + suade
完全に　忠告する

> Can I **persuade** you to stay another few days?

あと数日、あなたがとどまることを納得してもらえますか。
　■用法：persuade 人 to ...　（人）に…するように説得する

○ **pertain** [pə:rtéin]　　　(v.) 関係がある、ふさわしい
per + tain
完全に　保つ

> I don't understand how these documents **pertain** to my case.

私は、これらの書類が私の場合にどう関係があるのか理解できない。

- ■ 用法：pertain to ...　…に関連する、ふさわしい
- ■ 類語：relate [riléit]　…と関係がある

○ **pervade** [pə:rvéid]　　　(v.) 広範囲に広がる、普及する
per + vade
すっかり　行く

> After the sewer overflowed, a foul air **pervaded** throughout the neighborhood.

下水があふれた後で、悪臭のする空気が近所中に広がった。

Review Section 07 Items 061-070

A それぞれの文を完成させるために最も適した単語を選びなさい。

| multitask | nonexistent | obscene |
| pandemic | paradox | pervade |

1. In spring, the insects, numbering in the millions, _____ the area around the river.

2. As a result of the recent flu outbreak, the World Health Organization has issued a warning about a possible _____.

3. I like to _____ when I watch TV, so I might organize my name cards or do something else during a program.

4. Jacques' critics call his work _____, but he says his point is to challenge notions of acceptable behavior.

5. The idea that wars are necessary to keep the peace is a famous _____.

6. New accounts have been _____ this month, meaning all our income will come from our existing client base.

B イタリックで示した単語と同じ意味となる語句を選びなさい。

1. If you're a chess *neophyte*, why did you register for the expert bracket of the tournament?
   A. fan
   B. challenger
   C. beginner

2. Walt seemed *nonplussed* that his shirt was covered with dirt.
   A. unbothered
   B. unaware
   C. unconvinced

3. In ancient times, kings and queens were *omnipotent*—so much so that they were feared and even worshipped by their subjects.
   A. all powerful
   B. all seeing
   C. all knowing

4. When the stock market crashed, the scene on Wall Street was described as *pandemonium*.
   A. suspicion
   B. chaos
   C. depression
5. I still don't see how this new evidence *pertains* to our case.
   A. relates
   B. worsens
   C. reopens
6. Detectives can't afford to *overlook* even the smallest details at a crime scene.
   A. try to move
   B. fail to see
   C. seek to understand

C それぞれの文が正しければ **T(True)** を、誤っていれば **F(False)** を○で囲みなさい。

1. **T / F** A business plan that is multifaceted has many parts.
2. **T / F** If a set of directions is obtuse, it's easy for people to follow.
3. **T / F** Paleontology is the study of primitive people currently living in rural areas.
4. **T / F** A paranormal event cannot be explained using standard scientific methods.
5. **T / F** Neologisms are among a language's oldest and most widely used expressions.
6. **T / F** People who are omnivorous have a restricted diet, so they have to be careful what they eat.

Review Section 07 Items 061-070

A
1. 春になると、何百万匹もの虫が川の周辺地域にはびこる。(pervade)
2. 最近のインフルエンザ発生の結果、世界保健機関（WHO）は、大流行の可能性について警告を発した。(pandemic)
3. 私はテレビを見ながらいくつかの仕事をしたいので、私は番組の間に名刺を整理するとか他の作業をするかもしれない。(multitask)
4. ジャックの批評家は、彼の作品が反道徳的だと言っているが、彼は一般に容認されている行為という概念に挑戦することが自分のねらいであると言っている。(obscene)
5. 戦争は平和を維持するために必要であるという考えは、よく知られたパラドックスである。(paradox)
6. 今月は新しい顧客がまったくいなかったので、私たちのすべての利益は、既存の顧客層からもたらされることになる。(nonexistent)

B
1. あなたがチェスが初心者ならば、なぜトーナメントの最上級者の部に参加登録したのですか。
   A. 愛好者
   B. 挑戦者
   C. 初心者　○
2. ウォルトは、シャツが汚れだらけていても平気だった。
   A. 気にならない　○
   B. 気づいていない
   C. 納得していない
3. 古代においては、王や女王は全能で、臣民に恐れられたり、崇拝されたりさえするほどだった。
   A. とても強大な　○
   B. 何でも見通す
   C. 何でも知っている
4. 株式市場が暴落したとき、ウォール街での情景は大混乱と表現された。
   A. 疑い
   B. 混乱状態　○
   C. 不景気
5. 私は、この新しい証拠が私たちの案件とどう関係するのかまだ理解できない。
   A. 関係する　○
   B. 悪化する
   C. 再開する
6. 探偵は、犯行現場で、どんな小さなことさえ見逃すことはできない。
   A. 移動しようとする
   B. 見過ごす　○
   C. 理解しようとする

C
1. 多面的にわたる事業計画は、多くの部分からなる。(T)
2. 一連の指示がわかりにくいとき、それに従うことは簡単である。(F)
3. 古生物学とは、現在、農村部に住んでいる原始的な人々についての研究である。(F)
4. 超常的なできごとは、普通の科学的方法を用いて説明することはできない。(T)
5. 新語とは、ある言語で最も古く、最も広く使われている表現の一種である。(F)
6. 何でも食べる人たちは食事制限をしているので、自分の食べるものに注意しなければならない。(F)

071 peri- 近くの、周辺の［を］、囲む

☐ **pericenter** [périsèntər] (n.) 近点（ある星の周囲を回る天体がその星に最も接近する地点）
peri + center
近くの　中心

At its **pericenter**, the asteroid is 10,000 miles away from the planet it's orbiting.

近点では、その小惑星は周回している惑星から１万マイルの距離にある。

☐ **perigee** [pérədʒìː] (n.) 近地点（地球の周囲を回る天体や人工衛星が地球に最も接近する地点）
peri + gee
近い　地球

The **perigee** is the point at which an object in orbit around the Earth makes its closest approach to the Earth.

近地点とは、地球を回る軌道上にある物体が、地球に最も近づく点である。

■反意語：apogee [ǽpədʒìː]　遠地点

◯ **perimeter** [pərímətər]　　(n.) 周囲、周辺、周辺の長さ、境界線
peri + meter
周辺　　寸法

> Several guards are in position around the **perimeter** of the prison.

何人かの警備員が、刑務所の周囲に配置されている。

◯ **periphery** [pərífəri]　　(n.) 周辺、外縁、外面
peri + pher + 156 y
周りを　　運ぶ　　名

> Several deer are grazing at the **periphery** of the field.

何頭かのシカが、野原の周辺で草を食べている。

◯ **periscope** [pérəskòup]　　(n.) 潜望鏡
peri + scope
周辺を　　見る

> Submarine captains use a **periscope** to see above the surface of the ocean.

潜水艦の艦長は、海面上を見るために潜望鏡を使う。

072 poly- 多…、多くの、重合の

○ **polygamy** [pəlígəmi]　　　(n.) 一夫多妻制
poly + gam + 156 y
　多　　結婚　　名

> Hundreds of years ago, **polygamy** was common amongst the upper classes.

数百年前、一夫多妻制は、上流階級の間では一般的だった。
　■反意語：monogamy [mənágəmi]　一夫一婦制

○ **polyglot** [páliglàt]　　　(n.) 多言語に通じた人、ポリグロット
poly + glot
多くの　　舌

> Ernest is a **polyglot**, fluent in English, Spanish, and several other languages.

アーネストは、何カ国語も話せる人で、英語、スペイン語、そして他の数カ国語に堪能だ。
　■反意語：monoglot [mánouglàt]　1カ国語しか話さない人

○ **polymer** [pálimər]　　　(n.) 高分子化合物、ポリマー
poly + mer
多くの　　部分

> Nylon is a **polymer** used in many clothing products.

ナイロンは、多くの衣料品に使用される高分子化合物である。
　■反意語：monomer [mánoumər]　単量体、モノマー

○ **Polynesia** [pùləníːʒə]　　(n.) ポリネシア（太平洋中南部海域の諸島）
poly + nes + ia
多くの　　島　名（地名）

Polynesia is famous for its unspoiled islands.

ポリネシアは、その自然のままの島々で有名だ。

○ **polytheism** [páliθìːizm]　(n.) 多神教
poly + the + 137 ism
多くの　　神　　　名

Polytheism is the worship of more than one god.

多神教は、複数の神を崇拝することである。

■ 反意語：monotheism [mánəθìːizm]　一神教

073　post-　あとの、後ろの、次の

☐ **postdate** [pòustdéit]　　(v.) 先日付にする、実際の日付よりもあとの日付にする
post + date
あとの　日時

> Would it be all right if I **postdated** the check?

小切手を先日付にしても構わないですか。
　■反意語：predate [prìdéit]　前の日付にする

☐ **posterior** [pastíəriər]　　(n.) 後部、尻　(adj.) 後ろの、背面の
post + er + ior
あとの　より　名

> Many weeds are growing in the **posterior** of the plot.

多くの雑草がその敷地の後部で生えている。

◯ **posthumous** [pástʃumǝs]　　　(adj.) 死後の、死後に出版された
post + hum + ₁₈₉ ous
あとの　　地面　　　形

> Bookstores are selling a **posthumous** collection of the poet's work.

書店ではその詩人の死後に出版された作品集を販売している。

◯ **postpone** [poustpóun]　　　(v.) 延期する、後回しにする
post + pone
後ろに　　置く

> I am afraid I have to **postpone** our meeting.

私は、私たちの会合を延期しなければならないと思う。
　■反意語：advance [ædvǽns]　時間を早める、進める

◯ **postscript** [póustskrìpt]　　　(n.) 追伸
post + script
あとで　　書く

> The average **postscript** is one or two sentences long.

普通の追伸は、１文か２文の長さである。

074 pre-　（事）前に、先行する、予備の

○ **predestined** [prìdéstind]　　　(adj.) 運命づけられている
pre + 025 de + stin + 171 ed
事前に　下に　立つ　　形

> Some people believe they are **predestined** to be together.

中には、自分たちが一緒になるよう運命づけられていると考えている人もいる。

○ **premature** [prìːmətʃúər]　　　(adj.) 早産の、未熟な、早すぎる　(n.) 未熟児
pre + mature
事前に　熟した

> **Premature** babies need extra special care during their first days.

早産の赤ん坊は、生まれてから数日は、ことさら特別な注意が必要だ。

○ **prenatal** [prìnéitl]　　　(adj.) 出産前の
pre + nat + 165 al
事前に　生まれる　形

> **Prenatal** care is standard in most pregnancies.

たいていの妊娠では、出産前のケアは普通のことである。

○ **preschool** [prískùːl]　　　(n.) 幼稚園、保育園　(adj.) 就学前の
pre + school
事前に　　学校

> Fortunately, we were able to get our daughter into a good **preschool**.

幸いなことに、私たちは良い幼稚園に娘を入れることができた。

○ **preview** [prívjùː]　　　(n.) 予告編、試写、下見　(v.) 下見する
pre + view
事前に　　見る

> Before each movie starts, **previews** of other movies are shown.

映画が始まる前に、他の映画の予告編が流される。

075 pro- 前へ［を］、先に

☐ **proceed** [prəsíːd]　　　(v.) 続ける、前に進む、とりかかる
pro + ceed
前へ　行く

> Are you ready to **proceed** with the inspection?

あなたは、検査を続ける準備ができていますか。
　■用法：proceed with ... …を進める、続行する

☐ **prolong** [prəlɔ́ːŋ]　　　(v.) (時間を) 長引かせる、延長する
pro + long
先に　長い

> I'd rather not **prolong** the visit any longer than necessary.

私は、必要以上に訪問を長引かせたくない。
　■類語：lengthen [léŋkθən] 伸ばす、延長する

☐ **proscribe** [prouskráib]　　(v.) 禁止する
pro + scribe
先に　書く

> Soldiers are **proscribed** from using base supplies for personal use.

兵士が基地の補給品を個人的に使うことは禁止されている。
　■類語：inhibit [inhíbit] 禁止する、抑制する

○ **prospect** [práspekt]　　　(n.) 見通し、見込み、予想　(v.) 調査する
pro + spect
前へ　　見る

> The **prospect** of working 12 hours a day does not appeal to me.

1日に12時間も働くかもしれないなんて、私には魅力がない。

○ **protect** [prətékt]　　　(v.) 保護する、守る
pro + tect
前を　　覆う

> A prime obligation of a police force is to **protect** the local citizens.

警察の最も重要な職務は、地域住民を保護することだ。
　■用法：protect A from [against] B　BからAを守る

076 proto-　最初の、元の、原…

☐ **protocol** [próutəkɔ̀:l]　　　(n.) 儀礼上の決まりごと、外交儀礼、議定書
proto + col
最初の　にかわ

> **Protocol** dictates that the head of the house sits at the head of the table.

儀礼上の決まりごとでは、一家の長がテーブルの上座に座ることになっている。
　　■起源：かつて巻物状の文書の冒頭に「にかわ」で貼りつけられていた覚え書きから

☐ **protogenic** [pròutədʒí:nik]　　(adj.) 原始的な、早期形成の
proto + gen + 179 ic
最初の　生まれる　形

> This fossil is a **protogenic** example of the animal.

この化石は、その動物の原始的な標本だ。

☐ **protoplasm** [próutəplæ̀zm]　　(n.) 原形質
proto + plasm
元の　　　細胞

> The **protoplasm** of a cell is colorless.

細胞の原形質は無色である。

○ **prototype** [próutətàip]　　　(n.) 原型、試作品、典型
proto + type
　最初の　　しるし

> Before a product is mass produced, several **prototypes** are made.

製品が大量生産される前には、いくつかの試作品が作られる。
　■類語：original [ərídʒənl]　(the original で) 原物、原型、原著

○ **protozoa** [pròutəzóuə]　　　(n.) 原生動物、単細胞動物
proto + zoa
　最初の　　動物

> Today in biology class we learned about **protozoas**.

今日、生物学の授業で私たちは原生動物について学んだ。
　■反意語：metazoa [mètəzóuə]　多細胞動物

077 pseudo-　偽の、類似した

☐ **pseudograph** [súːdougræf]　　　(n.) 偽造文書
pseudo + graph
　偽の　　　文書

> Upon close examination, the document was found to be a **pseudograph**.

詳しく調べると、その文書が偽造文書であることが判明した。

☐ **pseudohistorical** [sùːdouhistɔ́ːrikəl]　(adj.) 史実に基づかない
pseudo + histor + ical
　偽の　　　物語　　形

> The film was **pseudohistorical**, so don't believe everything in it.

その映画は史実に基づいていないので、その中の何も信じてはいけない。

☐ **pseudology** [suːdάlədʒi]　　　(n.) 虚言術
pseudo + log + 156 y
　偽の　　言葉　　名

> Some politicians are well practiced in the art of **pseudology**, which is one reason many people distrust them.

政治家の中には虚言術をたびたび使う人がいて、それが理由の1つとなって多くの人たちが彼らを信用していない。

○ **pseudonym** [súːdənìm] (n.) 偽名、仮名
pseudo + nym
 偽の　　 名前

To hide his true identity, the reporter used a **pseudonym** when filing the article.

彼の本当の身元を隠すために、記事を送るときにその記者は偽名を使った。

○ **pseudoscientific** [sùːdousaiəntífik] (adj.) 科学的根拠のない
pseudo + scienti + fic
 偽の　　 知識　　作る

Because there was no disclaimer, people believed the show was a **pseudoscientific** report.

何も断り書きがなかったので、人々はその番組が科学的根拠のないリポートだと思った。

078 quadr(i)-, quart-　四…、4分の1

☐ **quadrangle** [kwάdræŋgl]　　　(n.) 四角形、四方を建物に囲まれた中庭
quadr + angle
　四　　　角

> A rectangle is a kind of **quadrangle**.

長方形は、四角形の一種である。

☐ **quadrennial** [kwɑdréniəl]　　　(adj.) 4年ごとに起こる、4年間の
quadr + enn + ₁₇₇ ial
　四　　　年　　　形

> It is a **quadrennial** election, so the next one won't be held for another four years.

それは4年に一度の選挙なので、次の選挙はこの先4年間は行われない。

☐ **quadricycle** [kwάdrəsaikl]　　　(n.) 四輪車、四輪自動車
quadri + cycl + (l)e
　四　　　輪　　　名

> One advantage of a **quadricycle** is it doesn't easily tip over.

四輪車の利点の1つは、それが簡単に転倒しないことだ。

◯ **quarter** [kwɔ́ːrtər]　　　(n.) 15分間、3カ月、4分の1　(v.) 4等分する
quart + er
4分の1　名

> We only have a **quarter** of an hour left.

私たちには、あと15分しか時間がない。
　■イディオム：at close quarters　すぐ近くで、近距離で

◯ **quartet** [kwɔːrtét]　　　(n.) 四重奏団、カルテット
quart + et
　四　小さいもの

> How can we form a string **quartet** with only three people?

たった3人で、いったいどうやって弦楽四重奏団を組めるんだ。

079 re- 再び、何度も、逆に、後ろに

☐ **reactivate** [riǽktəvèit]　　(v.) 現役に戻す、復活させる、再開する
re + act + ₁₈₆ iv(e) + ₁₅₇ ate
再び　行動　　　形　　　　動

> To help with recovery efforts, some retired soldiers were **reactivated**.
>
> 復旧作業を支援するために、何人かの退役軍人が現役に戻された。

☐ **reassign** [rìəsáin]　　(v.) 再び配属する、再び割り当てる
re + as + sign
再び　…へ 印をつける

> My father is going to be **reassigned** to an office on the other side of the country.
>
> 私の父は、国の反対側にある会社に再び配属されることになっている。

☐ **rebuild** [rìbíld]　　(v.) 再建する、元に戻す
re + build
再び　建てる

> It may take years to **rebuild** all the damaged bridges.
>
> 壊れたすべての橋を再建するには、何年もかかるかもしれない。

○ reiterate [riːítərèit]　　(v.) 繰り返して話す、何度も行う
re + iter + ₁₅₇ ate
再び 繰り返す　　動

> It's important that I **reiterate** the rules of behavior to you all.

私が皆さんに行動のルールを繰り返し話すことが大事だ。
- ■類語：repeat [ripíːt]　繰り返す

○ resume [rizúːm]　　(v.) 再び始める、再開する
re + sume
再び　取る

> Do you know what time we will be able to **resume** our trip?

あなたは、私たちが何時に旅行を再開することができるのか知っていますか。
- ■用法：resume ... [-ing]　…を繰り返す

080 retro- 戻る、逆…

☐ **retroactive** [rètrəǽktiv]　　(adj.) 以前にさかのぼって有効な、遡及する
retro + act + ₁₈₆ ive
戻る　行動　　形

> The pay increase is **retroactive** to all of last year's payments.

昇給は、昨年の支払いのすべてにさかのぼって有効だ。

☐ **retrofit** [rétroufit]　　(v.) 装置を改良する、古い部品を取り替える
retro + fit　　　　　　　　(n.) 改良
戻る　作る

> If we can **retrofit** the car with some new components, it should run a lot faster.

私たちがその車の古い部品を取り替えることができるなら、それはずっと速く走るはずだ。

☐ **retroflex** [rétrəflèks]　　(adj.) 反転した、反り返った
retro + flex
戻る　曲げる

> That's what linguists call a **retroflex** sound.

それは、言語学者が反転音と呼んでいるものだ。

◯ **retrograde** [rétrəgrèid]　　(adj.) 逆行的な、後戻りの、退化する
retro + grade
戻る　　行く

> Why would you approve such an obviously **retrograde** proposal?

なぜあなたは、そのような明らかに逆行的な提案を承認しようとするのですか。

◯ **retrospect** [rétrəspèkt]　　(n.) 過去を振り返ること、回想
retro + spect
戻る　　見る

> In **retrospect**, I shouldn't have trusted Sammy.

今、過去を振り返れば、私はサミーを信頼すべきでなかった。
　　■ イディオム：in retrospect　今にして思えば、振り返ってみると
　　■ 反意語：prospect [práspekt]　見通し、公算、展望

Review Section 08 Items 071-080

A それぞれの文を完成させるために最も適した単語を選びなさい。

| periscope | posthumous | prolong |
| quartet | reiterate | retrospect |

1. In _____, I shouldn't have been so rude. I apologize for my behavior.
2. A string _____ includes four musicians and their instruments.
3. The submarine captain used a _____ to survey the island.
4. I hate to _____ the meeting any further, but we really need to discuss our fall lineup.
5. A _____ volume of the dead poet's work will be published later this year.
6. As you begin your training, I need to _____ that safety goggles must be worn at all times.

B イタリックで示した単語と同じ意味となる語句を選びなさい。

1. In ancient times, *polytheism* was common among the world's civilizations.
   A. war with neighboring empires
   B. belief in many gods
   C. commitment to traditional values

2. Firing Tony without knowing exactly what happened would be *premature*.
   A. done too soon
   B. illegal
   C. expected by others

3. Our contract *proscribes* any mention of the deal on the Internet or through other media outlets.
   A. forbids
   B. details
   C. suggests

4. Do we have a *protocol* for what to do in case our website is hacked?
   A. security guard
   B. computer code
   C. set procedure

5. The summer Olympics, a *quadrennial* event, is watched by people all over the world.
   A. considered very important
   B. world-class competition
   C. held every four years

6. In order to *reactivate* the generator, we need to first set all the switches to the "A" position.
   A. shut down
   B. perform a check
   C. turn on again

C それぞれの文が正しければ **T(True)** を、誤っていれば **F(False)** を○で囲みなさい。

1. **T / F** A facility's outermost gate is located somewhere along its perimeter.
2. **T / F** When you postpone something, you try to do it as quickly as possible.
3. **T / F** A writer uses a pseudonym to conceal his or her real name.
4. **T / F** To retrofit a set of machines, you throw them away and buy completely new ones.
5. **T / F** Polyglots are able to speak more than one language.
6. **T / F** A device's prototype is a test model made during the development process.

Review Section 08 Items 071-080

A
1. 今にして思えば、私はあれほど無礼な態度をとるべきではありませんでした。私の振る舞いをお詫びします。(retrospect)
2. 弦楽四重奏は、4人の演奏家と彼らの楽器からなる。(quartet)
3. その潜水艦の艦長は、その島を見渡すために潜望鏡を使った。(periscope)
4. 私は会議をこれ以上長引かせたくないが、私たちは本当に秋の品揃えについて議論する必要がある。(prolong)
5. その亡くなった詩人の死後出版の作品集は、今年の後半に刊行されるだろう。(posthumous)
6. あなたが訓練を開始するにあたって、安全メガネを常に着用しなければならないことを繰り返し言っておく必要があります。(reiterate)

B
1. 古代において、多神教は世界の諸文明の間で一般的なものだった。
   A. 近隣の帝国との戦争
   B. 多くの神々への信仰　○
   C. 伝統文化への献身
2. 何が起こったのか正確に知らないまま、トニーを解雇するのは早計だろう。
   A. 行うのがあまりにも早い　○
   B. 違法な
   C. 人から期待されている
3. 私たちの契約は、インターネットまたは他のメディアを通じて取引について言及することを一切禁止している。
   A. 禁じる　○
   B. 詳しく述べる
   C. 示唆する
4. 私たちには、ウェブサイトがハッキングされた場合にどうすべきかについての決まり事がありますか。
   A. 警備員
   B. コンピュータのコード
   C. 一定の手順　○
5. 夏季オリンピックは4年に1度のイベントで、世界中の人々によって観戦される。
   A. 非常に重要であると考えられている
   B. 世界トップクラスの競争
   C. 4年ごとに開催される　○
6. 発電機を再稼働するためには、最初にすべてのスイッチをAに設定する必要がある。
   A. 停止する
   B. 検査を実施する
   C. 再び作動させる　○

C
1. 施設の一番外側の門は、その外周のどこかに位置する。(T)
2. 何かを延期するということは、それをできるだけ早くやろうとすることである。(F)
3. 作家は、彼または彼女の本名を隠すために偽名を使う。(T)
4. 一連の機械類を改善するためには、それらを廃棄し、まったく新しいものを購入することになる。(F)
5. 多国語を話す人は、2つ以上の言語を話すことができる。(T)
6. 装置の試作品とは、開発の途中で作られる試作機のことである。(T)

081 se-　離れて、分ける、なしで

○ **secede** [sisí:d]　　　　　(v.) 離脱する、分離する
se + cede
離れて　行く

> As the confederation fell apart, more and more countries **seceded** from the group.

同盟が崩壊すると、さらに多くの国々がグループから離脱した。

○ **secret** [sí:krit]　　　　　(n.) (adj.) 秘密（の）、神秘（の）
se + cret
離れて　区別

> It's sometimes hard to keep a **secret**.

秘密を守ることが難しいこともある。

　　■イディオム：be in on the secret (of ...)（…の）秘密を知っている

☐ **secure** [sikjúər] (v.) 固定する、確保する、保証する (adj.) 安全な
se + cure
なしで　心配

> **Secure** the sofa to the truck with this rope.

ソファーをこのロープでトラックに固定しなさい。
- 類語：fasten [fǽsn]　しっかり固定する、締める

☐ **sedition** [sidíʃən] (n.)（反政府的な）扇動行為
sed + it + ion
離れて　行く　名

> **Sedition** is a serious crime in every country.

扇動は、どの国でも重大な犯罪である。
- 類語：insurrection [ìnsərékʃən]　反乱、暴動、謀反

☐ **select** [silékt] (v.) 選ぶ、選択する
se + lect
分ける　集める

> I asked the stock person to help me **select** the best pieces of fruit.

私は倉庫係に、いちばんよい果物を選ぶのを手伝ってくれるよう頼んだ。

082 self- 自分、単独

☐ **self-assured** [sélfəʃúərd]　　　(adj.) 自信のある、自己満足の
self + as + sur + 171 ed
自分　…に　確実な　　形

> Being **self-assured** is fine, as long as you are not conceited.

うぬぼれているのでなければ、自信があるのはいいことだ。

☐ **self-destructive** [sélfdistrʌ́ktiv]　(adj.) 自己破壊的な、自殺的な
self + 025 de + struct + 186 ive
自分　逆　建てる　　形

> The psychologist advised the patient to stop engaging in **self-destructive** behavior.

その心理学者は患者に、自己破壊的な行為にふけることをやめるよう忠告した。

☐ **self-discipline** [sélfdísəplin]　　(n.) 自制心、自己訓練
self + discipline
自分　教え

> When I see a box of cookies, I lose all **self-discipline**.

私はクッキーの箱を見たら、すべての自制心を失ってしまう。

◯ **self-employed** [sélfimplɔ́id]　　(adj.) 自営業の
self + ₀₃₀ em + ploy + ₁₇₁ ed
自分　　中へ　　重ねる　　形

> One of the challenges of being **self-employed** is not having a steady income.

自営業であることの問題の１つは、安定した収入がないことだ。

◯ **self-made** [sélfméid]　　(adj.) 自力で成功を収めた
self + made
自分　　作る

> A lot of millionaires are **self-made** people.

多くの億万長者は、自力で成功を収めた人たちだ。

083 semi- 半分、二回

○ **semiannual** [sèmiǽnjuəl] (adj.) 半年ごとの、年2回の
semi + annu + 165 al
半分　年　　形

You're welcome to attend our **semiannual** picnic.

どうぞ私たちの半年ごとのピクニックに参加してください。

○ **semicircle** [sémisə̀ːrkl] (n.) 半円(形)、半円形
semi + circ + le
半分　円　　名

The driveway is in the shape of a **semicircle**.

そのドライブウェーは半円形をしている。

◯ **semicolon** [sémikòulən]　　　(n.) セミコロン（;）
semi + colon
　半分　　 節

> **Semicolons** are one of the least commonly used types of punctuation.

セミコロンは、最も使われることの少ない句読点の一つだ。

◯ **semiconductor** [sèmikəndʌ́ktər]　(n.) 半導体
semi + 021 con + duct + or
　半分　　 緒に　導く　 名

> The latest **semiconductor** helped make small, cheap computers possible.

最新の半導体は、小型で安いコンピューターを作るのに役立った。

◯ **semiofficial** [sèmiəfíʃəl]　　　(adj.) 半公式の、半官半民の
semi + of + fic + 177 ial
　半分　　仕事　作る　　形

> The announcement was only **semiofficial**, so we are not sure if we should pay attention to it.

発表は半公式のものでしかなかったので、私たちがそれに注意を払うべきかどうかわからない。

084　step-　継…、義理の

☐ **stepbrother** [stépbrʌðər]　　　(n.) 義兄（弟）
step + brother
継　　　兄弟

> I don't look anything like my **stepbrother**.
>
> 私は、義兄（弟）とはまったく似ていない。

☐ **stepfather** [stépfɑ̀:ðər]　　　(n.) 継父、義父
step + father
継　　　父親

> The child doesn't obey his **stepfather**.
>
> その子どもは、彼の継父の言うことに従わない。

☐ **stepmother** [stépmʌ̀ðər]　　　(n.) 継母、義母
step + mother
継　　　母親

> If Louise marries your father, then she'll become your **stepmother**!
>
> ルイーズがあなたのお父さんと結婚すると、彼女はあなたの義母になるよ。

☐ **stepsister** [stépsìstər]　　　　(n.) 義姉（妹）
step + sister
継　　姉妹

> I never knew your **stepsister** was so beautiful.

私は、あなたの義理のお姉さん（妹さん）がそんなに美しいとは知らなかった。

☐ **stepson** [stépsÀn]　　　　(n.) 義理の息子
step + son
義理の　息子

> Although Karl is only my **stepson**, I'm still responsible for him.

カールは私の義理の息子だが、それでも私は彼について責任がある。

085 sub- 下の［に］、下位の［に］、副…

☐ **submarine** [sʌ̀bmərí:n]　　　(n.) 潜水艦　(adj.) 海面下の
sub + mar + ine
下の　　海　　名

> It must be exciting to take a ride in a **submarine**!

潜水艦に乗ることはとてもワクワクすることに違いない。

☐ **subscribe** [səbskráib]　　　(v.)（定期）講読する、署名する、申し込む
sub + scribe
下に　　書く

> I used to **subscribe** to a computer magazine, but I canceled my subscription.

私はコンピューター雑誌を購読していたが、その講読を解約した。

☐ **substandard** [sʌ̀bstǽndərd]　　　(adj.) 不十分な、低水準の
sub + stand + ard
下位に　立つ　しっかりと

> After a **substandard** season, the basketball player was cut from the team.

不調なシーズンの後で、そのバスケットボールの選手はチームから除かれた。

○ **subterranean** [sÀbtəréiniən]　　(adj.) 地下の、秘密の
sub + terr + anean
下の　土地　　形

> Do you think it will be possible to build **subterranean** cities one day?

あなたは、いつか地下都市を建設することが可能だと思いますか。

■参考：subterraneous [sÀbtəréiniəs] が使われることもある。

○ **subway** [sÁbwèi]　　(n.) 地下鉄
sub + way
下の　道

> Not only are **subways** fast and safe, but they're environmentally friendly.

地下鉄は速くて安全なだけでなく、環境にも優しい。

■用法：take a subway　地下鉄に乗る

086 super- 上に［を］、超えて、より大きい

◯ **superficial** [sùːpərfíʃəl]　　　　　　(adj.) 表面的な、見せかけの、無意味な
super + fici + 165 al
上に　　顔　　形

> The wound is only **superficial**, so I wouldn't worry about it.

その傷は表面的なものなので、私は心配しない。

◯ **superintendent** [sùːpərinténdənt]　(n.) 管理者、支配人
super + 046 in + tend + 120 ent
上に　　　…へ　伸ばす　　名

> Complaints should be directed to the **superintendent**.

苦情は管理者に向けられるべきだ。

○ **superior** [səpíəriər]　　　(adj.) 高級な、優れた、上位の　(n.) 上司、先輩
super + 183 ior
　上の　　　形（比較級）

It is a **superior** television set, which is why it is so expensive.

それは高級なテレビで、だから非常に高価だ。
- 用法：be superior to ...　…より優れて
- 反意語：inferior [infíəriər]　低い、劣った

○ **superlative** [səpə́ːrlətiv]　　(adj.) 最高の、最上級の　(n.) 賛辞、誇張した表現
super + lat + 186 ive
　超えて　運ぶ　　形

After a **superlative** performance, the audience rose to its feet to applaud the pianist.

最高の演奏のあとで、観客はそのピアニストを称賛するために立ち上がった。
- 類語：prime [práim]　最も重要な、主要な、第一級の

○ **supersonic** [sùːpərsánik]　　(adj.) 超音速の、超音波の
super + son + 179 ic
　超えて　音声　　形

Supersonic aircraft can cross the ocean in several hours.

超音速航空機は、数時間で海を渡ることができる。

087 supra- 超…、越えて、上に、より大きい

◯ **supralegal** [sùːprəlíːgəl]　　　　(adj.) 超法規的な
supra + leg + 165 al
　超　　法律　　形

International crises may be averted through the use of **supralegal** measures.

世界的な危機は、超法規的な措置によって回避できるかもしれない。

◯ **supramundane** [sùːprəmʌndéin]　　(adj.) 地球外の、超現世的な、霊界の
supra + mundane
　超　　　世界

Most **supramundane** objects can only be seen through a telescope.

ほとんどの地球外の物体は、望遠鏡でのみ見ることができる。

◯ **supranational** [sùːprənǽʃənl]　　(adj.) 超国家的な
supra + nat + 135 ion + 165 al
　超　生まれる　名　　　形

The right to live and breathe is **supranational**.

生きることと息をすること（生きていくこと）の権利は、超国家的である。

◯ **supranatural** [sùːprənǽtʃərəl]　　(adj.) 超自然的な
supra + nat + ₁₅₅ ur(e) + ₁₆₅ al
　超　　生まれる　　 名　　　 形

> Few scientists pay attention to discussions about the **supranatural**.

超自然的な現象についての議論に注意を向ける科学者はほとんどいない。
　■参考：the supranatural で「超常現象」という意味になる

◯ **supraorbital** [sùːprəɔ́ːrbitl]　　(adj.) 眼窩（がんか）の上の
supra + orbit + ₁₆₆ al
　上に　　眼窩　　 形

> The **supraorbital** injury impaired the woman's vision for several days.

眼窩（がんか）の上のケガは、数日間その女性の視野を妨げた。

088 sur-　上に、越えて、加えて

○ **surface** [sə́:rfis]　　　(n.) 表面、外見
sur + face
上に　顔

> Wouldn't it be fun to run on the **surface** of the moon?

月の表面で走るのは楽しいのではないでしょうか。
■イディオム：on the surface　表面上は、一見すると

○ **surmount** [sərmáunt]　　(v.) 乗り越える、登る、克服する
sur + mount
越えて　登る

> If we try hard, we can **surmount** any obstacle.

一生懸命に努力すれば、私たちはどんな障害でも乗り越えることができる。
■類語：overcome [òuvərkʌ́m]　打ち勝つ、克服する

○ **surpass** [sərpǽs]　　(v.) 超える、優れる、勝る
sur + pass
越えて 通過する

> Our company is so small that I don't expect we'll ever **surpass** the market leader's sales.

当社はとても小さいので、業界大手の売上高を超えるとは思わない。
■用法：surpass A in B　B についてA より優れる
■類語：exceed [iksí:d]　…を上回る、勝る

○ **surplus** [sə́:rplʌs]　　　(adj.) 残りの、余分な　(n.) 残り、剰余金、黒字
sur + plus
超えて より多くの

We're talking about how to spend the **surplus** money.

私たちは、残りのお金を使う方法について議論している。

○ **survey** [sərvéi]　　　(n.) (v.) 調査（する）、測量（する）
sur + vey
越えて　見る

Can you please take a few minutes to complete the **survey**?

お手数ですが、その（アンケート）調査に記入してもらえますか。
　■用法：do [conduct] a survey　調査を行う

089 sus-　下に［から］

◯ **suspect**　　　　　　　　(v.) [səspékt] 疑う、怪しむ、推測する
su(s) + spect　　　　　　　(n.) [sʌ́spekt] 容疑者
下から　　見る

> I **suspect** the money was stolen by someone working here.

私は、そのお金はここで働いている誰かに盗まれたのだと疑っている。
　■反意語：trust [trʌ́st] 信頼する

◯ **suspend** [səspénd]　　　(v.) 延期する、保留する、ぶら下げる
sus + pend
下に　つるす

> Until we determine the cause of the accident, we have to **suspend** construction.

私たちはその事故の原因を確定するまで、建設を延期する必要がある。
　■類語：halt [hɔ́ːlt] 停止する、休止させる

◯ **suspicious** [səspíʃəs]　　(adj.) 不審な、怪しい、うたぐり深い
su(s) + spic + 189 ious
下から　見る　　形

> Witnesses recall seeing a **suspicious** man standing in front of the bank.

証人たちは、銀行の前に不審な男が立っていたのを覚えている。
　■用法：be suspicious of ... …を疑う

☐ **sustain** [səstéin]　　　(v.) 維持する、耐える、支持する
sus + tain
下から　保つ

> Economists wonder how long the country will be able to **sustain** such rapid growth.

経済学者は、その国がそのような急激な成長を維持することができるかどうか疑わしく思っている。

☐ **sustenance** [sʌ́stənəns]　　(n.) 食料、生計の手段
sus + ten + 110 ance
下から　保つ　　　名

> People living in the mountains have to survive on basic **sustenance** and limited comforts.

その山岳地域に住んでいる人々は、基本的な食料と限られた設備で生きていかなければならない。

090 sym-　一緒に、共通の、同時に

☐ **symbiotic** [sìmbióutik]　　(adj.) 共生（関係）
sym + biot + 179 ic
一緒に　生きる　　[形]

> The organism and its host have a **symbiotic** relationship.

その生物とその宿主は共生関係を持っている。

☐ **symbol** [símbəl]　　(n.) 印、象徴、シンボル
sym + bol
共通の　投げること

> Let this ring be a **symbol** of my love.

この指輪を、私の愛の印としてください。
　■類語：emblem [émbləm]　象徴、標識

☐ **sympathy** [símpəθi]　　(n.) 同情、共感
sym + path + 156 y
共通の　感覚　[名]

> I haven't got much **sympathy** for people who don't try hard to improve their situation.

自分の状況を改善するために努力しない人々に対して、私はあまり同情をすることができなかった。
　■用法：feel [have] sympathy for ...　…に同情する
　■反意語：antipathy [æntípəθi]　反感、嫌悪

○ **symphony** [símfəni] (n.) 交響曲、シンフォニー、交響楽団
sym + phon + 156 y
一緒に　音声　　名

The good news is I got tickets to tonight's **symphony** concert.

幸いなことに、私は今夜の交響曲のコンサートのチケットを手に入れた。
■参考：交響楽団は symphony orchestra とも表現できる

○ **symposium** [simpóuziəm] (n.) 討論会、シンポジウム
sym + pos + 140 ium
一緒に　飲む　　名

I'll be giving a presentation at the **symposium** on urban renewal.

私は、都市再生に関する討論会でプレゼンテーションをする予定だ。
■類語：conference [kánfərəns]　討論会、会議

Review Section 09 Items 081-090

A それぞれの文を完成させるために最も適した単語を選びなさい。

| sedition | self-discipline | semicircle |
| surplus | symbiotic | stepmother |

1. After Gail's father remarried, she did her best to get along with her _____.

2. Set the chairs up in a _____, going from the left to the right side of the room.

3. We should build a storeroom for the grain _____, in case we need it during the winter.

4. Working in the candy store took all my _____, since I wanted to eat everything in the shop!

5. The captain stands accused of _____, but he denies selling military secrets to the enemy.

6. Some insects that ride around on a larger animal form a _____ relationship with their host. They eat parasites that would otherwise harm the animal.

B イタリックで示した単語と同じ意味となる語句を選びなさい。

1. Before you leave, make sure all the doors and windows are *secured*.
   A. uncovered
   B. locked
   C. left open

2. Many countries have built *subterranean* complexes to use in case of a national emergency.
   A. underground
   B. secretive
   C. mountainous

3. Critics are calling the comedy *superficial* and aimed at getting cheap laughs.
   A. shallow
   B. funny
   C. creative
4. After a car accident put her in a wheelchair, Beatrice was able to *surmount* her disability and run a successful consulting agency.
   A. challenge
   B. surrender
   C. overcome
5. My advisor says if I can *sustain* my high grades, I'll have a good chance at getting into a top university.
   A. target
   B. maintain
   C. restore
6. At the precious metals *symposium*, experts gave presentations on the latest advances in mining technology.
   A. conference
   B. interview
   C. debate

C それぞれの文が正しければ **T(True)** を、誤っていれば **F(False)** を○で囲みなさい。

1. **T / F** A self-made person is one who received his or her fortune through an inheritance.
2. **T / F** Someone may share either a biological mother or biological father with a stepbrother, but not both.
3. **T / F** Something that is supraorbital rests directly on the planet's surface.
4. **T / F** If you're suspicious of someone, you'll probably trust them with your deepest secrets.
5. **T / F** A camera judged substandard by an inspector will fail the quality control test.
6. **T / F** Superlative employees do their jobs extremely well.

Review Section 09 Items 081-090

A
1. ゲイルの父親が再婚したあと、彼女は継母と仲良くやっていけるようできるだけ努力した。**(stepmother)**
2. 部屋の左側から右側まで、半円形に椅子を並べなさい。**(semicircle)**
3. 穀物の余りは冬の間に必要とするかもしれないので、私たちはそのための貯蔵庫を建てる必要がある。**(surplus)**
4. お菓子屋さんで働くことは、ある限りの自制心が必要でした。なぜって、店の中のものは何でも食べたくなったからです。**(self-discipline)**
5. 船長は扇動行為のかどで訴えられているが、彼は敵に軍事機密を売り渡したことを否定している。**(sedition)**
6. 自分より大きい動物に取り付いて移動する昆虫は、寄生相手の動物と共生関係を形成している。それらは、その動物に害となる寄生虫を食べてくれる。**(symbiotic)**

B
1. あなたが出て行く前に、すべてのドアと窓が閉じられていることを確認しなさい。
   A. 覆いを外されている
   B. カギをかけられている ○
   C. 開いたままにしてある
2. 多くの国々では、国の緊急時に使う地下施設を構築している。
   A. 地下の ○
   B. 秘密の
   C. 巨大な
3. 批評家たちは、その喜劇のことを皮相で、低俗な笑いを意図したものだとみなしている。
   A. 底の浅い ○
   B. こっけいな
   C. 創造的な
4. 車の事故で車椅子生活になったあと、ベアトリスはその障害を克服し、成功したコンサルティング会社を経営することができた。
   A. 挑戦する
   B. 放棄する
   C. 克服する ○
5. 私の指導教師は、私が良い成績を維持することができれば、一流大学に入れるチャンスが大いにあるだろうと言っている。
   A. 目標とする
   B. 維持する ○
   C. 回復する
6. 希少金属に関するシンポジウムで、専門家たちが採掘技術の最新の進歩について発表を行った。
   A. 会議 ○
   B. インタビュー
   C. 討論会

C
1. 自力で成功した人とは、相続によって大金を受け取った人のことである。**(F)**
2. ある人とその義兄［弟］は、実母か実父のどちらかが共通の場合はあっても、両方とも共通であることはない。**(T)**
3. 眼窩上にあるのものとは、地球の表面上にじかに置かれている。**(F)**
4. あなたが誰かを疑っている場合、おそらく最も人に漏らしたくない秘密を打ち明けることになるだろう。**(F)**
5. 検査担当者によって基準に達しないと判断されたカメラは、品質管理検査に合格しないだろう。**(T)**
6. 最も優秀な従業員は、とてもよく仕事をこなす。**(T)**

091 syn-　一緒に、同じ、共通の

☐ **synergy** [sínərdʒi]　　　(n.) 相乗効果、相互作用
syn + erg + 156 y
一緒に　働く　　名

> Our managing director likes to talk about the **synergy** between the company's divisions.

わが社の常務取締役は、会社の部門間の相乗効果について話したがる。

☐ **synonym** [sínənìm]　　　(n.) 同義語、類語
syno + nym
同じ　名前

> What is a **synonym** for "giant"?

giant の同義語は何ですか。

　■ 用法：be a synonym for ...　…の類語である
　■ 反意語：antonym [ǽntəmìm]　反意語

◯ **synopsis** [sinápsis]　　　(n.) あらすじ、概要、一覧
syn + op + sis
一緒に　見る　　名

> I went online to read a **synopsis** of the play.

私は、その劇のあらすじを読もうとインターネットに接続した。
- ■ 類語：sketch [skétʃ]　概略、略図、下書き
- ■ 注意：複数形は synopses。

◯ **syntax** [síntæks]　　　(n.) 構文、統語法
syn + tax
一緒に　並べる

> The **syntax** of Latin is so complex that it takes years of study to master.

ラテン語の構文はとても複雑なので、習得するのに何年もの学習が必要だ。

◯ **synthesis** [sínθəsis]　　　(n.) 合体、統合、合成
syn + thes + (s)is
一緒に　置く　　名

> This new project is a **synthesis** of several earlier ideas.

この新しいプロジェクトは、以前のいくつかのアイデアを合体したものである。

092　tele-　遠く［い］

☐ **telegram** [téligræm]　　(n.) 電報
tele + gram
遠く　　文書

> These days, people rarely send **telegrams** to each other.

最近では、人はほとんどお互いに電報を送らない。

☐ **telegraph** [téligræf]　　(n.) 電報、電信
tele + graph
遠く　　文書

> The **telegraph** was an important invention in the history of communication.

電報は、通信の歴史の中で重要な発明だった。

☐ **telephone** [téləfòun]　　(n.) (v.) 電話（をかける）
tele + phone
遠く　　音声

> I don't know anybody who doesn't own a **telephone**.

私は、電話を持っていない人を誰も知らない。
　■用法：on [over] the telephone　電話で（= by telephone）

◯ **telescope** [téləskòup]　　(n.) 望遠鏡　(v.) 短縮する、圧縮する
tele + scope
　遠く　　見る

> How far can you see with your **telescope**?

あなたの望遠鏡では、どのくらい遠くまで見ることができますか。

■参考：binocular telescope　双眼望遠鏡

◯ **television** [téləvìʒən]　　(n.) テレビ、テレビ放送
tele + vis + ₁₃₅ ion
　遠く　見る　　名

> I like to watch **television** while eating.

私は、食べながらテレビを見るのが好きだ。

227

093 trans- 越えて、横切って、変換

◯ **transaction** [trænzǽkʃən]　　(n.) 取引、売買、処理
trans + act + 135 ion
横切って 働きかける　[名]

> Keep this receipt as proof of the **transaction**.

取引の証拠として、この領収書を保管してください。
　■用法：transactions in ...　…の取引

◯ **transatlantic** [trænsætlǽntik]　　(adj.) 大西洋を横断する
trans + atlant + 179 ic
横切って　大西洋　[形]

> One hundred years ago, **transatlantic** trips were made by boat.

100年前、大西洋を横断する旅行は船で行われた。

○ **transcend** [trænsénd]　　(v.) 超える、超越する
trans + (s)cend
　越えて　　　登る

> National crises **transcend** political debate.

国家の危機は、政治的な議論を超越する。

○ **transfer** [trǽnsfəːr]　　(n.) (v.) 送金（する）、転送（する）、乗り換え（る）、
trans + fer　　　　　　　　　　転勤［転任］（させる）
　越えて　　運ぶ

> The bank wire **transfer** should take two days to go through.

電信送金が処理されるのに 2 日かかるだろう。

○ **transmit** [trænsmít]　　(v.) 送信する、運ぶ、伝える
trans + mit
　越えて　　送る

> You need a license to **transmit** on those FM frequencies.

あなたがそれらの FM 周波数で送信するには、免許が必要だ。

■ 参考：FM は frequency modulation（周波数変調）の略

094 tri-　三…、三重

☐ **triangle** [tráiæŋgl]　　　　(n.) 三角形
tri + angle
三　　角

> Our city is roughly the shape of a **triangle**.

私たちの街は、ほぼ三角形の形をしている。
　　■参考：regular triangle　正三角形／tetragon [tétrəgàn]　四角形

☐ **triceratops** [traisérətàps]　(n.) トリケラトプス、三角竜
tri + cerat + ops
三　　角　　顔

> The **triceratops** was a mighty beast with strong natural defenses.

トリケラトプスは、生まれつき強い防御手段を持った強大な獣だった。

☐ **trident** [tráidnt]　　　　(n.) 三つ叉の矛
tri + 121 dent
三　　歯

> In Greek mythology, Neptune, the god of the sea, holds a **trident**.

ギリシャ神話では、海の神であるネプチューンは、三つ叉の矛を持っている。

○ **trilogy** [trílədʒi]　　　(n.) 三部作
tri + 143 logy
三　　文章

> Lord of the Rings is one of the world's most famous **trilogies**.

『ロード・オブ・ザ・リング』は、世界で最も有名な三部作の一つだ。

○ **tripod** [tráipɑd]　　　(n.) 三脚
tri + pod
三　　脚

> If you can't hold the camera steady, you'll need to use a **tripod**.

あなたがカメラをしっかりと構えられない場合は、三脚を使う必要があるだろう。

231

095 ultra- 超…、極端に

◯ **ultraconservative** [ʌ̀ltrəkənsə́rvətiv]　　(adj.) (n.) 超保守的な（人）
ultra + 021 con + serva + 186 tive
　超　　　まったく　見守る　　　形

> Voters were not in favor of the **ultraconservative** bill.

有権者は、その超保守的な法案には賛成していなかった。

◯ **ultrahigh** [ʌ̀ltrəhái]　　(adj.) きわめて高い、超高層の
ultra + high
　超　　高い

> Temperatures this summer are expected to be **ultrahigh**.

この夏の気温は、きわめて高いものになると予想される。

　■参考：ultrahigh frequency　極超短波、UHF

◯ **ultrasensitive** [ʌ̀ltrəsénsətiv]　　(adj.) 超高感度の
ultra + sensi + 186 tive
　超　　感覚　　　形

> This **ultrasensitive** equipment can hear underwater sounds from miles away.

この超高感度の装置は、かなり遠くからでも水中の音を聞くことができる。

○ **ultrasound** [ʌ́ltrəsàund]　　　(n.) 超音波
ultra + sound
超　　音声

> We can use **ultrasound** to check on the health of an unborn baby.

私たちは、胎児の健康状態をチェックするために超音波を利用することができる。

○ **ultraviolet** [ʌ̀ltrəváiəlit]　　　(adj.) 紫外の、紫外線の
ultra + violet
超　　紫色

> This umbrella is supposed to protect against **ultraviolet** rays.

この傘は、紫外線を防ぐようになっている。

　　■参考：ultraviolet light　紫外線（光）

096　un-　不…、無…

☐ **unbiased** [ʌ̀nbáiəst]　　　　　(adj.) 公平な、偏見がない
un + bias + 171 ed
不　　斜め　　　形

If you want an **unbiased** opinion, talk to Ruth.

あなたが公平な意見がほしいなら、ルースに話しなさい。

☐ **unimportant** [ʌ̀nimpɔ́ːrtənt]　　(adj.) 重要でない、つまらない
un + 045 im + port + 167 ant
不　　中へ　　運ぶ　　形

The details are **unimportant**, in any case.

いずれにしても、細かいことは重要ではない。
　■類語：trivial [tríviəl]　ささいな、つまらない

☐ **unimpressed** [ʌ̀nimprést]　　(adj.) 感銘を受けない、感動を覚えない
un + 045 im + press + 171 ed
不　　中に　　圧する　　形

I was **unimpressed** with the art exhibition.

私は、その美術展には感銘を受けなかった。
　■用法：be unimpressed by [with] ...　…に感動しない

○ **uninterested** [ʌníntərəstid]　　　(adj.) 興味がない、無関心な
un + 047 inter + est + 171 ed
不　　　　間に　　　ある　　　形

> Students are often **uninterested** in long lectures about serious topics.

学生は、しばしばシリアスなトピックに関する長い講義には興味がない。
- ■用法：be uninterested in ...　…に興味がない
- ■注意：uninteresting「面白くない」と混同しないこと。

○ **unmoved** [ʌnmúːvd]　　　(adj.) 心を動かされない、平静な
un + mov + 171 ed
不　　動かす　　形

> Even after hearing the sobbing woman explain her side of the story, the judge was **unmoved**.

そのすすり泣く女性の言い分を聞いた後でも、その裁判官は心を動かされなかった。
- ■注意：unmoving「人の心を動かさない」と混同しないこと。

097 under-　下の［に］、劣った

○ **underground** [ʌ̀ndərgráund]　(adj.) 地下にある　(n.) 地下、地下道、反体制グループ
under + ground
下に　　地面

> When they built the subway, they made room for several **underground** malls.

彼らが地下鉄を建設したとき、いくつかの地下商店街のためにスペースを作った。

○ **underling** [ʌ́ndərlɪŋ]　(n.) 下っ端、部下、つまらない人間
under + ling
下の　小さいもの

> Todd is just an **underling**, so he knows little about the actions of the crime boss.

トッドはただの下っ端なので、彼は犯罪集団のボスの行動についてはほとんど知らない。

■注意：underling は軽蔑的な表現。

○ **underlying** [ʌ́ndərlàiiŋ]　(adj.) 根本的な、下にある、内在する
under + ly + 182 ing
　下に　横たわる　　形

> What was the **underlying** cause of the equipment failure?

その機器の故障の**根本的な**原因は何でしたか。

○ **underpin** [ʌ̀ndərpín]　(v.) 下から支える、基礎を与える
under + pin
　下に　　くぎ

> The success of our Hong Kong branch **underpins** our entire Southeast Asia strategy.

香港支店の成功が、私たちの東南アジア戦略全体を**支えている**。

○ **underwrite** [ʌ̀ndərráit]　(v.) 引き受ける、同意する、署名する
under + write
　下に　　書く

> We need to find an investment bank to **underwrite** the loan.

私たちは、ローンを**引き受けてくれる**投資銀行を見つける必要がある。

098 uni- 一、ひとつ、単一

○ **unicycle** [júːnisaikl]　　(n.) 一輪車
uni + cycl + (l)e
一　　輪　　名(道具)

> My favorite part of the circus was the clown on the **unicycle**.

サーカスでの私のお気に入りは、一輪車に乗ったピエロだった。
■用法：ride (on) a unicycle　一輪車に乗る
■参考：bicycle [báisikl]　自転車

○ **uniform** [júːnəfɔ̀ːrm]　　(n.) ユニフォーム　(adj.) 均一な、規則正しい
uni + form
単一　　形態

> People who work at fast food restaurants often wear brightly colored **uniforms**.

ファストフード店で働く人々は、しばしば色鮮やかなユニフォームを着用している。
■用法：in [out of] uniform　ユニフォーム姿の［略装で］

○ **unilateral** [jùːnilǽtərəl]　　(adj.) 一方的な、片方だけの
uni + later + 165 al
一　　側面　　形

> The partnership fell apart after one side started making **unilateral** decisions.

一方の側が、一方的な決定を下し始めると、その協力関係はすっかり壊れた。
■参考：bilateral [bailǽtərəl]　双方の、二国間の

○ **unison** [júːnəsn]　　　　(n.) 一致、同調
uni + son
ひとつ　音声

> Suddenly, hundreds of geese rose into the air in **unison**.

突然、数百羽のガチョウが空にいっせいに舞い上がった。
■用法：in unison　いっせいに、一致して、調和して

○ **universe** [júːnəvəːrs]　　　(n.) 宇宙、全世界、分野
uni + verse
ひとつ　回る

> I wonder if the day will come when we understand all the secrets of the **universe**.

私たちが宇宙のすべての秘密を理解する日が来るだろうか。
■注意：通常、universe の前には the を付ける。

099 vice-　副…、代理

○ **vice admiral** [váis ǽdmərəl]　　(n.)（海軍）中将
vice + admiral
　副　　　長官

> The **vice admiral** of the navy is about to hold a televised press conference.

その海軍中将は、テレビ中継される記者会見を開こうとしている。

○ **vice chairman** [váis tʃέərmən]　　(n.) 副会長、副議長
vice + chair + 144 man
　副　　椅子　　　人

> Since the **vice chairman's** seat is now vacant, we need to find a replacement.

副会長の席は現在空いているので、私たちは後任を見つける必要がある。
　　■参考：会長や議長は chairman もしくは chairperson

○ **vice president** [váis prézədənt]　　(n.) 副大統領、副社長、副会長
vice + 074 pre + sid + 120 ent
　副　　前に　　座る　　名

> A **vice president** takes power if the president is unable to perform his or her duties.

大統領がその職務を行うことができない場合、副大統領が政権を掌握する。

○ **vice principal** [váis prínsəpəl]　　(n.) 教頭、副校長
vice + prin + cip + ₁₀₈ al
　副　　第一　　取る　　 名

> I had an interesting conversation with the **vice principal** about the future of school sports.

学校におけるスポーツの将来について、私は教頭と興味深い話をした。

○ **viceroy** [váisrɔi]　　(n.) 総督
vice + roy
　代理　　王

> It would be wise to do what the **viceroy** tells you to do.

総督があなたに命じたことをするのが賢明だろう。

■参考：女性の総督あるいは総督夫人は vicereine [váisrèin]

100　with-　後方へ、離れて、対抗して

◯ **withdraw** [wiðdrɔ́:]　　　(v.) 引っ込める、引き離す、撤退する
with + draw
後方へ　運ぶ

> Unable to sustain the attack, the division **withdrew** from the field of battle.

その攻撃を持ちこたえることができず、部隊は戦場から撤退した。
　■用法：withdraw A from B　B から A を引き離す［撤退させる］
　■類語：retreat [ritrí:t]　撤退する

◯ **withdrawing room** [wiðdrɔ́:iŋ rù:m]　　(n.) 応接室、休憩室
with + draw + 134 ing + room
離れて　運ぶ　　名　空間

> I left the coat hanging up in the **withdrawing** room.

私は応接室にコートを掛けておいた。

◯ **withdrawn** [wiðdrɔ́:n]　　　(adj.) 引きこもった、交際を絶った、孤立した
with + drawn
離れて　運ばれた

> Since graduating from high school, Mary has been quiet and **withdrawn**.

高校を卒業して以来、メアリーは口数が少なく引きこもりがちだ。
　■反意語：extroverted [ékstrəvə̀:rtid]　社交的な、陽性の

◯ **withhold** [wiθhóuld]　　　(v.) 天引きする、抑える、保留する
with + hold
離れて　つかむ

> A certain percentage of her salary is **withheld** every month for tax purposes.

彼女の給料の一定の割合が、税金の分として毎月天引きされている。
- ■用法：withhold ... from 人　（人）に…を与えない
- ■類語：reserve [rizə́ːrv]　取っておく、差し控える

◯ **withstand** [wiθstǽnd]　　　(v.) 耐える、抵抗する
with + stand
対抗して　立つ

> Old and rickety, the cabin could not **withstand** the fury of the tornado.

古くてがたがたの小屋は、竜巻の猛威に耐えることができなかった。
- ■類語：resist [rizíst]　抵抗する、阻止する

Review Section 10 Items 091-100

A それぞれの文を完成させるために最も適した単語を選びなさい。

| transmit | telegram | trilogy |
| underpinned | unilateral | withstand |

1. As the settlers were in a remote area, the fastest way to send them a message was via _____.

2. The concrete walls are built to _____ even the strongest storm winds.

3. For the first time, you can buy the complete _____ of movies in one DVD box set.

4. We can use this two-way device to _____ a signal to people in other units.

5. No single member can make a(n) _____ decision to change a policy. The approval of three committee members is needed for that.

6. Mark's ambition to become a successful businessperson is _____ by his desire to impress his father.

B イタリックで示した単語と同じ意味となる語句を選びなさい。

1. Can you think of a *synonym* for "necessary"?
   A. word with the same sound
   B. word with the same meaning
   C. word with the same origin

2. The politician, claiming to *transcend* social and economic classes, hopes to appeal to all voters.
   A. go beyond
   B. represent
   C. reach out to

3. The judge was *unmoved* by the defendant's explanation about why she stole the bracelet.
   A. unmatched
   B. unlocked
   C. unaffected
4. As the automatic doors opened, three city officials entered the building *in unison*.
   A. forcefully
   B. together
   C. in a hurry
5. Our task is to understand the *underlying* reason behind The Bread Factory's decision to change ad firms.
   A. economic
   B. fundamental
   C. minor
6. If Martin *withholds* his support, we won't have enough votes to pass the resolution.
   A. makes a threat
   B. keeps back
   C. bargains for

C それぞれの文が正しければ **T(True)** を、誤っていれば **F(False)** を○で囲みなさい。

1. **T / F** When you synchronize two schedules, you line the times up so that they match.
2. **T / F** A tripod is a four-legged device that you use to steady a camera.
3. **T / F** If a person is ultrasensitive, it's probably best to avoid making fun of him or her.
4. **T / F** A company's vice president holds more power than anyone in the firm.
5. **T / F** Telescopes are used to look at far away objects.
6. **T / F** Someone who is unbiased will look at and judge a situation fairly.

Review Section 10　Items 091-100

A

1. その入植者たちは人里離れた地域にいたので、彼らにメッセージを伝える最速の方法は電報を使うことだった。**(telegram)**
2. 最大の暴風にも耐えられるように、コンクリート製の壁が造られている。**(withstand)**
3. 今回初めて、1つのDVDボックスセットになった、映画の完全な三部作を購入することができる。**(trilogy)**
4. 私たちは、この双方向の装置を使って、他の部隊の人間に信号を送ることができる。**(transmit)**
5. どのメンバーも、1人では方針を変更する一方的な決定を下すことはできない。そのためには、3人の委員の承認が必要とされる。**(unilateral)**
6. 成功した実業家になるというマークの野心は、自分の父親によいところを見せたいという彼の欲求によって支えられている。**(underpinned)**

B

1. あなたは、「必要」の同義語を思いつきますか。
   A. 同じ音を持つ言葉
   B. 同じ意味を持つ言葉　○
   C. 同じ起源を持つ言葉
2. 社会的、経済的な階層を超越すると主張する政治家は、すべての有権者にアピールしたいと考えている。
   A. …を乗り越える　○
   B. …を代表する
   C. …に手を差し伸べる
3. その裁判官は、被告人がそのブレスレットを盗んだ理由について説明しても心を動かされなかった。
   A. 調和しない
   B. 鍵が開いている
   C. 影響を受けていない　○
4. その自動車のドアが開くと、3人の市の職員がその建物の中にいっせいに入っていった。
   A. 力強く
   B. 一緒に　○
   C. 急いで
5. 私たちの課題は、ブレッドファクトリー社が広告会社の変更を決定した背後にある根本的な理由を理解することである。
   A. 経済の
   B. 根本的な　○
   C. あまり重要でない
6. マーティンが支援を保留したら、私たちは決議を可決するのに十分な票が得られないだろう。
   A. 脅す
   B. 差し控える　○
   C. 期待する

C

1. 2つのスケジュールを同期させるには、時間を調整して一致させる。**(T)**
2. 三脚は、カメラを安定させるために使う4本足の道具である。**(F)**
3. 誰かがとても神経過敏な場合、たぶん彼または彼女をからかわないのが得策だ。**(T)**
4. 企業の副社長は、社内の誰よりも多くの権力を持っている。**(F)**
5. 望遠鏡は遠くの物体を見るために使われる。**(T)**
6. 偏見のない人は、状況を公平に見て判断をする。**(T)**

名詞をつくる

101 -ace …を生むもの

furnace	[fə́ːrnis]	(n.)	炉
menace	[ménis]	(n.)	脅威
solace	[sɑ́ləs]	(n.)	慰め
space	[speis]	(n.)	スペース
terrace	[térəs]	(n.)	テラス

102 -acle 小さな、わずかな

barnacle	[bɑ́ːrnəkl]	(n.)	フジツボ
miracle	[mírəkl]	(n.)	奇跡
pinnacle	[pínəkl]	(n.)	頂点
tabernacle	[tǽbərnækl]	(n.)	礼拝所
tentacle	[téntəkl]	(n.)	触手

103 -acy 職業、性質、状態

diplomacy	[diplóuməsi]	(n.)	外交
literacy	[lítərəsi]	(n.)	識字
primacy	[práiməsi]	(n.)	優位
privacy	[práivəsi]	(n.)	プライバシー
supremacy	[səpréməsi]	(n.)	優位

104 -age 集合、行動、関係

carnage	[kɑ́ːrnidʒ]	(n.)	大虐殺
carriage	[kǽridʒ]	(n.)	乗り物
courage	[kə́ːridʒ]	(n.)	勇気
marriage	[mǽridʒ]	(n.)	結婚
passage	[pǽsidʒ]	(n.)	通路

105 -ain　…の性質を持つ人

captain	[kǽptən]	(n.)	キャプテン
chamberlain	[tʃéimbərlin]	(n.)	侍従
chaplain	[tʃǽplin]	(n.)	牧師
chieftain	[tʃíːftən]	(n.)	族長
villain	[vílən]	(n.)	悪党

106 -ain　…の性質を持つもの

curtain	[kə́ːrtn]	(n.)	カーテン
fountain	[fáuntən]	(n.)	噴水
mountain	[máuntən]	(n.)	山
plantain	[plǽntən]	(n.)	オオバコ
terrain	[təréin]	(n.)	地形

107 -al　…すること＜動詞→名詞＞

arrival	[əráivəl]	(n.)	到着
proposal	[prəpóuzəl]	(n.)	提案
recital	[risáitl]	(n.)	リサイタル
refusal	[rifjúːzəl]	(n.)	拒否
total	[tóutl]	(n.)	合計

108 -al　…の性質を持つ人

corporal	[kɔ́ːrpərəl]	(n.)	伍長
criminal	[krímənl]	(n.)	犯罪者
marshal	[máːrʃəl]	(n.)	司令官
rascal	[rǽskəl]	(n.)	悪党
rival	[ráivəl]	(n.)	ライバル

109 -an　…な［をする］人、もの

courtesan	[kɔ́ːrtəzən]	(n.) 娼婦
partisan	[pɑ́ːrtizən]	(n.) 同志
puritan	[pjúərətn]	(n.) ピューリタン
republican	[ripʌ́blikən]	(n.) 共和主義者
veteran	[vétərən]	(n.) ベテラン

110 -ance　…の性質を持つもの、…すること

elegance	[éligəns]	(n.) 優雅
endurance	[indjúərəns]	(n.) 持久力
ignorance	[ígnərəns]	(n.) 無知
instance	[ínstəns]	(n.) 実例
romance	[rouméns]	(n.) ロマンス

111 -ant　…の性質［能力］を持つ人

applicant	[ǽplikənt]	(n.) 申請者
defendant	[diféndənt]	(n.) 被告
inhabitant	[inhǽbətənt]	(n.) 住民
mendicant	[méndikənt]	(n.) 托鉢僧
tenant	[ténənt]	(n.) テナント

112 -ant　…の性質［効力］を持つもの

antidepressant	[æ̀ntidiprésnt]	(n.) 抗うつ剤
coolant	[kúːlənt]	(n.) 冷却剤
disinfectant	[dìsinféktənt]	(n.) 消毒剤
pennant	[pénənt]	(n.) ペナント
stimulant	[stímjulənt]	(n.) 興奮剤

113 -ary　…する人

adversary	[ǽdvərsèri]	(n.)	敵
dignitary	[dígnətèri]	(n.)	高官
emissary	[éməsèri]	(n.)	使者
notary	[nóutəri]	(n.)	公証人
secretary	[sékrətèri]	(n.)	秘書

114 -ary　入れもの、貯蔵所

aviary	[éivièri]	(n.)	鳥小屋
dictionary	[dίkʃənèri]	(n.)	辞書
estuary	[éstʃuèri]	(n.)	河口
military	[mílitèri]	(n.)	軍隊
sanctuary	[sǽŋktʃuèri]	(n.)	聖域

115 -dom　状態、土地、地位

boredom	[bɔ́ːrdəm]	(n.)	退屈
chiefdom	[tʃíːfdəm]	(n.)	首長の支配地
freedom	[fríːdəm]	(n.)	自由
martyrdom	[máːrtərdəm]	(n.)	殉教
stardom	[stáːrdəm]	(n.)	スターの地位

116 -ee　…される［する］人、

addressee	[ædresíː]	(n.)	名宛人
employee	[implɔ́iːː]	(n.)	従業員
inductee	[ìndʌktíː]	(n.)	徴集兵
payee	[peiíː]	(n.)	受取人
trainee	[treiníː]	(n.)	研修生

117 -eer　…を扱う［仕事にする］人

engineer	[èndʒiníər]	(n.)	エンジニア
mountaineer	[màuntəníər]	(n.)	登山家
pamphleteer	[pæ̀mflətíər]	(n.)	パンフレットの筆者
profiteer	[pràfitíər]	(n.)	暴利商人
volunteer	[vàləntíər]	(n.)	ボランティア

118 -el　小さなもの

gravel	[grǽvəl]	(n.)	砂利
model	[mádl]	(n.)	モデル
morsel	[mɔ́ːrsəl]	(n.)	一口
parcel	[páːrsəl]	(n.)	小包
satchel	[sǽtʃəl]	(n.)	学生かばん

119 -ence　…の性質を持つもの［こと］

confidence	[kánfədəns]	(n.)	自信
deference	[défərəns]	(n.)	服従
existence	[igzístəns]	(n.)	存在
independence	[ìndipéndəns]	(n.)	独立
persistence	[pərsístəns]	(n.)	固執

120 -ent　…する人

patient	[péiʃənt]	(n.)	患者
president	[prézədənt]	(n.)	社長
resident	[rézədənt]	(n.)	居住者
respondent	[rispándənt]	(n.)	回答者
student	[stjúːdnt]	(n.)	学生

121 -ent   …作用するもの［こと］

antecedent	[æntəsíːdnt]	(n.)	前例
ingredient	[ingríːdiənt]	(n.)	成分
precedent	[présədənt]	(n.)	先例
solvent	[sálvənt]	(n.)	溶剤
trident	[tráidnt]	(n.)	三叉(さんさ)の道具

122 -er   …者、…家、…する人

explorer	[ikspló:rər]	(n.)	探検家
farmer	[fá:rmər]	(n.)	農業経営者
manager	[mǽnidʒər]	(n.)	マネージャー
overseer	[óuvərsìːər]	(n.)	監督
performer	[pərfó:rmər]	(n.)	役者

123 -er   …するもの

bulldozer	[búldòuzər]	(n.)	ブルドーザー
computer	[kəmpjúːtər]	(n.)	コンピューター
drier	[dráiər]	(n.)	乾燥機
lighter	[láitər]	(n.)	ライター
mixer	[míksər]	(n.)	ミキサー

124 -ery   …業、…屋、…所

bakery	[béikəri]	(n.)	パン屋
brewery	[brúːəri]	(n.)	醸造所
fishery	[fíʃəri]	(n.)	漁業
nunnery	[nʌ́nəri]	(n.)	女子修道院
refinery	[rifáinəri]	(n.)	精錬所

125 -ese　…人［語］

Burmese	[bərmíːz]	(n.)	ビルマ人
Chinese	[tʃainíːz]	(n.)	中国人
Japanese	[dʒæpəníːz]	(n.)	日本人
Nepalese	[nèpəlíːz]	(n.)	ネパール人
Vietnamese	[viètnɑːmíːz]	(n.)	ベトナム人

126 -ess　…の仕事をする女性

actress	[ǽktris]	(n.)	女優
hostess	[hóustis]	(n.)	ホステス
seamstress	[síːmstris]	(n.)	裁縫師
stewardess	[stjúːərdis]	(n.)	スチュワーデス
waitress	[wéitris]	(n.)	ウエートレス

127 -ette　小型のもの

cigarette	[sìgərét]	(n.)	たばこ
diskette	[diskét]	(n.)	ディスケット
kitchenette	[kìtʃənét]	(n.)	キチネット（小さな台所）
marionette	[mæ̀riənét]	(n.)	マリオネット（操り人形）
towelette	[tàuəlét]	(n.)	ウェットティッシュ

128 -hood　…の状態［性質］

childhood	[tʃáildhùd]	(n.)	幼年時代
fatherhood	[fáːðərhùd]	(n.)	父であること
likelihood	[láiklihùd]	(n.)	可能性
neighborhood	[néibərhùd]	(n.)	近所
priesthood	[príːsthùd]	(n.)	僧職

129 -ia　…病、…症

dementia	[dimén∫ə]	(n.)	認知症
hysteria	[histériə]	(n.)	ヒステリー
insomnia	[insámniə]	(n.)	不眠症
mania	[méiniə]	(n.)	躁病
paranoia	[pæ̀rənɔ́iə]	(n.)	妄想症

130 -ic　…の特色［技能］をもつ人

comic	[kámik]	(n.)	喜劇役者
critic	[krítik]	(n.)	評論家
eccentric	[ikséntrɪk]	(n.)	変人
hysteric	[histérik]	(n.)	ヒステリー患者
mechanic	[məkǽnik]	(n.)	整備士

131 -ics　…学、…術、…原理

economics	[èkənámiks]	(n.)	経済学
ethics	[éθiks]	(n.)	倫理
phonics	[fániks]	(n.)	音響学
politics	[pálətìks]	(n.)	政治
tactics	[tǽktiks]	(n.)	戦術

132 –ie, -y　…小さい動物［もの］

baggic	[bǽgi]	(n.)	小袋
birdie	[bə́ːrdi]	(n.)	小鳥
doggy	[dɔ́ːgi]	(n.)	子犬
kitty	[kíti]	(n.)	子猫
mousie	[máuzi]	(n.)	小さなネズミ

133 -ing　すること＜動詞→名詞＞

eating	[íːtiŋ]	(n.)	食べること
running	[rʌ́niŋ]	(n.)	ランニング
shopping	[ʃɑ́piŋ]	(n.)	買い物
sleeping	[slíːpiŋ]	(n.)	眠り
talking	[tɔ́ːkiŋ]	(n.)	おしゃべり

134 -ing　…（した）もの

awning	[ɔ́ːniŋ]	(n.)	日よけ
building	[bíldiŋ]	(n.)	建物
ceiling	[síːliŋ]	(n.)	天井
clothing	[klóuðiŋ]	(n.)	衣類
painting	[péintiŋ]	(n.)	絵画

135 -ion　…すること、…（した）状態

confession	[kənféʃən]	(n.)	告白
correction	[kərékʃən]	(n.)	修正
faction	[fǽkʃən]	(n.)	派閥
suspension	[səspénʃən]	(n.)	差し止め
tension	[ténʃən]	(n.)	緊張

136 -ish　…語、…に属する＜名詞→形容詞＞

Danish	[déiniʃ]	(n.)	デンマーク語
English	[íŋgliʃ]	(n.)	英語
Spanish	[spǽniʃ]	(n.)	スペイン語
Swedish	[swíːdiʃ]	(n.)	スウェーデン語
Turkish	[tə́ːrkiʃ]	(n.)	トルコ語

137 -ism　状況、…主義、慣行

antagonism	[æntǽgənìzm]	(n.)	敵意
capitalism	[kǽpətəlìzm]	(n.)	資本主義
racism	[réisizm]	(n.)	人種差別
sexism	[séksizm]	(n.)	性差別
truism	[trúːizm]	(n.)	自明の理

138 -ist　…する人、…の専門家

columnist	[kάləmnist]	(n.)	コラムニスト
idealist	[aidíːəlist]	(n.)	理想主義者
pianist	[piǽnist]	(n.)	ピアニスト
soloist	[sóulouist]	(n.)	独奏者
violinist	[vàiəlínist]	(n.)	バイオリニスト

139 -ity　状態、性質、程度＜抽象名詞＞

capacity	[kəpǽsəti]	(n.)	容量
duality	[djuːǽləti]	(n.)	二重性
duplicity	[djuːplísəti]	(n.)	二枚舌
immensity	[iménsəti]	(n.)	広大
personality	[pə̀ːrsənǽləti]	(n.)	人格

140 -ium, -um　…する場所

aquarium	[əkwɛ́əriəm]	(n.)	水族館
gymnasium	[dʒimnéiziəm]	(n.)	体育館
museum	[mjuːzíːəm]	(n.)	博物館
planetarium	[plæ̀nətɛ́əriəm]	(n.)	プラネタリウム
sanitarium	[sæ̀nətɛ́əriəm]	(n.)	療養所

141 -ive　…な［する］人

captive	[kǽptiv]	(n.)	捕虜
detective	[ditéktiv]	(n.)	探偵
fugitive	[fjúːdʒətiv]	(n.)	逃亡者
relative	[rélətiv]	(n.)	親戚
representative	[rèprizéntətiv]	(n.)	代表者

142 -let　小型のもの

booklet	[búklit]	(n.)	小冊子
cutlet	[kʌ́tlit]	(n.)	カツレツ
droplet	[drɑ́plit]	(n.)	小さな滴
leaflet	[líːflit]	(n.)	リーフレット
pamphlet	[pǽmflət]	(n.)	パンフレット

143 -logy　学問、理論、収集

anthology	[ænθɑ́lədʒi]	(n.)	選集
biology	[baiɑ́lədʒi]	(n.)	生物学
methodology	[mèθədɑ́lədʒi]	(n.)	方法論
ornithology	[ɔ̀ːrnəθɑ́lədʒi]	(n.)	鳥類学
trilogy	[trílədʒi]	(n.)	三部作

144 -man　…人、…者、…家

businessman	[bíznismæn]	(n.)	実業家
chairman	[tʃéərmən]	(n.)	会長
congressman	[kɑ́ŋgrismən]	(n.)	下院議員
salesman	[séilzmən]	(n.)	セールスマン
spokesman	[spóuksmən]	(n.)	スポークスマン

145 -ment　動作、状態、結果、手段

advertisement	[ædvərtáizmənt]	(n.)	広告
argument	[á:rgjumənt]	(n.)	議論
commencement	[kəménsmənt]	(n.)	開始
disagreement	[dìsəgrí:mənt]	(n.)	不一致
tenement	[ténəmənt]	(n.)	共同住宅

146 -ness　状態、…さ、…性

darkness	[dá:rknis]	(n.)	闇
greatness	[gréitnis]	(n.)	偉大さ
softness	[sɔ́:ftnis]	(n.)	柔軟性
tenderness	[téndərnis]	(n.)	優しさ
weakness	[wí:knis]	(n.)	弱点

147 -oon　＜外国語起源の名詞につく＞

balloon	[bəlú:n]	(n.)	風船
cartoon	[kɑ:rtú:n]	(n.)	漫画
harpoon	[hɑ:rpú:n]	(n.)	銛（もり）
platoon	[plətú:n]	(n.)	小隊
saloon	[səlú:n]	(n.)	酒場

148 -or　…をする人

investor	[invéstər]	(n.)	投資家
mayor	[méiər]	(n.)	市長
protector	[prətéktər]	(n.)	保護者
spectator	[spékteitər]	(n.)	観客
surveyor	[sərvéiər]	(n.)	検査官

149 -or　動作、状態、性質

horror	[hɔ́:rər]	(n.) 恐怖
humor	[hjú:mər]	(n.) ユーモア
mirror	[mírər]	(n.) 鏡
stupor	[stjú:pər]	(n.) 無感覚状態
terror	[térər]	(n.) 恐怖

150 -ory　場所、手段

armory	[á:rməri]	(n.) 武器庫
depository	[dipázətɔ̀:ri]	(n.) 保管場所
dormitory	[dɔ́:rmətɔ̀:ri]	(n.) 寮
factory	[fǽktəri]	(n.) 工場
refectory	[riféktəri]	(n.) 食堂

151 -osis　健康状態、異常

diagnosis	[dàiəgnóusis]	(n.) 診断
neurosis	[njuəróusis]	(n.) 神経症
prognosis	[prɑgnóusis]	(n.) 回復の見込み
psychosis	[saikóusis]	(n.) 精神病
tuberculosis	[tjubə̀:rkjulóusis]	(n.) 結核

152 -ship　状態、能力、地位、関係

authorship	[ɔ́:θərʃìp]	(n.) 原作者
dictatorship	[díkteitərʃìp]	(n.) 独裁
friendship	[fréndʃip]	(n.) 友情
ownership	[óunərʃìp]	(n.) 所有権
partnership	[pá:rtnərʃìp]	(n.) 提携

153 -ty　…な性質、状態

notoriety	[nòutəráiəti]	(n.)	悪評
propriety	[prəpráiəti]	(n.)	礼節
sobriety	[səbráiəti]	(n.)	節酒
society	[səsáiəti]	(n.)	社会
variety	[vəráiəti]	(n.)	多様性

154 -ule　小…、小さいもの

globule	[glábju:l]	(n.)	小球
granule	[grǽnju:l]	(n.)	顆粒
module	[mádʒu:l]	(n.)	モジュール
molecule	[máləkjù:l]	(n.)	分子
schedule	[skédʒu:l]	(n.)	スケジュール

155 -ure　動作、経過、結果

aperture	[ǽpərtʃər]	(n.)	開き口
curvature	[ká:rvətʃər]	(n.)	曲がった状態
departure	[dipá:rtʃər]	(n.)	出発
manure	[mənjúər]	(n.)	肥料
tenure	[ténjər]	(n.)	保有期間

156 -y　性質、状態

difficulty	[dífəkʌ̀lti]	(n.)	難しさ
honesty	[ánisti]	(n.)	正直
jealousy	[dʒéləsi]	(n.)	嫉妬
mastery	[mǽstəri]	(n.)	熟達
modesty	[mádəsti]	(n.)	慎み深さ

動詞をつくる

157 -ate …させる、する

accommodate	[əkάmədèit]	(v.) もてなす
facilitate	[fəsílətèit]	(v.) 促進する
mediate	[míːdièit]	(v.) 仲裁する
necessitate	[nəsésətèit]	(v.) 必要とする
nominate	[nάmənèit]	(v.) 指名する

158 -en …の状態にする［なる］

brighten	[bráitn]	(v.) 明るくする
broaden	[brɔ́ːdn]	(v.) 広げる
enlighten	[inláitn]	(v.) 啓発する
lengthen	[léŋkθən]	(v.) 長くする
soften	[sɔ́ːfən]	(v.) 柔らかくする

159 -er （繰り返し）…する

cater	[kéitər]	(v.) 提供する
falter	[fɔ́ːltər]	(v.) たじろぐ
wander	[wάndər]	(v.) さまよう
waver	[wéivər]	(v.) 揺れる
whisper	[hwíspər]	(v.) ささやく

160 -fy, -ify …にする、…化する

classify	[klǽsəfài]	(v.) 分類する
horrify	[hɔ́ːrəfài]	(v.) 恐がらせる
modify	[mάdəfài]	(v.) 修正する
pacify	[pǽsəfài]	(v.) なだめる
satisfy	[sǽtisfài]	(v.) 満足させる

161 -ish   …する

cherish	[tʃériʃ]	(v.) 大切にする
establish	[istǽbliʃ]	(v.) 確立する
finish	[fíniʃ]	(v.) フィニッシュ
flourish	[flə́:riʃ]	(v.) 栄える
perish	[périʃ]	(v.) 滅びる

162 -ize   …にする、…化する

hospitalize	[háspitəlàiz]	(v.) 入院させる
modernize	[mádərnàiz]	(v.) 近代化する
realize	[rı:əlaiz]	(v.) 実現する
standardize	[stǽndərdàiz]	(v.) 標準化する
terrorize	[térəràiz]	(v.) 威嚇する

163 -sh   暴力、怒り

ambush	[ǽmbuʃ]	(v.) 待ち伏せする
crash	[krǽʃ]	(v.) 衝突する
dash	[dǽʃ]	(v.) たたきつける
gnash	[nǽʃ]	(v.) (歯を) きしませる
mash	[mǽʃ]	(v.) つぶす

形容詞をつくる

164 -able …できる、…にふさわしい＜動詞・名詞→形容詞＞

decipherable	[disáifərəbl]	(adj.)	判読できる
laughable	[lǽfəbl]	(adj.)	ばかばかしい
lovable	[lʌ́vəbl]	(adj.)	愛らしい
treatable	[tríːtəbl]	(adj.)	治療可能な
understandable	[ʌ̀ndərstǽndəbl]	(adj.)	理解できる

165 -al …の、…の性質の

emotional	[imóuʃənl]	(adj.)	感情的な
local	[lóukəl]	(adj.)	地元の
mental	[méntl]	(adj.)	心の
natural	[nǽtʃərəl]	(adj.)	自然な
physical	[fízikəl]	(adj.)	物理的な

166 -an …の土地の、…に属する

African	[ǽfrikən]	(adj.)	アフリカの
American	[əmérikən]	(adj.)	アメリカの
Brazilian	[brəzíljən]	(adj.)	ブラジルの
Korean	[kəríːən]	(adj.)	韓国の
Samoan	[səmóuən]	(adj.)	サモアの

167 -ant …の特性［能力・機能］を持つ＜動詞→形容詞＞

dominant	[dámənənt]	(adj.)	支配的な
dormant	[dɔ́ːrmənt]	(adj.)	眠っているような
ignorant	[ígnərənt]	(adj.)	無知な
luxuriant	[lʌgʒúəriənt]	(adj.)	豊かな
reluctant	[rilʌ́ktənt]	(adj.)	気が進まない

168 -ar …の、…の性質の

circular	[sə́ːrkjulər]	(adj.) 円形の
lunar	[lúːnər]	(adj.) 月の
regular	[régjulər]	(adj.) 通常の
similar	[símələr]	(adj.) 類似した
tubular	[tjúːbjulər]	(adj.) 管状の

169 -ary …に関係がある

customary	[kʌ́stəmèri]	(adj.) 習慣的な
momentary	[móuməntèri]	(adj.) 一瞬の
sedentary	[sednterl]	(adj.) 座った姿勢の
solitary	[sálətèri]	(adj.) 孤独な
temporary	[témpərèri]	(adj.) 一時的な

170 -ate …を持つ、…に満ちた

compassionate	[kəmpǽʃənət]	(adj.) 哀れみ深い
considerate	[kənsídərət]	(adj.) 思いやりのある
fortunate	[fɔ́ːrtʃənət]	(adj.) 幸運な
passionate	[pǽʃənət]	(adj.) 情熱的な
private	[práivət]	(adj.) 個人的な

171 -ed …された、…に満ちた

boxed	[bákst]	(adj.) 箱入りの
completed	[kəmplíːtid]	(adj.) 完成した
controlled	[kəntróuld]	(adj.) 制御された
decorated	[dékərèitid]	(adj.) 装飾された
talented	[tǽləntid]	(adj.) 才能のある

172 -en　…でできた

earthen	[ə́ːrθən]	(adj.)	土で作った
golden	[góuldən]	(adj.)	金色の
leaden	[lédn]	(adj.)	鉛色の
molten	[móultən]	(adj.)	溶融した
wooden	[wúdn]	(adj.)	木製の

173 -ent　…を示す、…の

complacent	[kəmpléisnt]	(adj.)	満足して
despondent	[dispándənt]	(adj.)	落胆した
latent	[léitnt]	(adj.)	潜在的な
potent	[póutnt]	(adj.)	強力な
reticent	[rétəsənt]	(adj.)	黙りがちの

174 -ern　…の方の

eastern	[íːstərn]	(adj.)	東の
modern	[mádərn]	(adj.)	現代の
northern	[nɔ́ːrðərn]	(adj.)	北方
southern	[sʌ́ðərn]	(adj.)	南の
western	[wéstərn]	(adj.)	西部の

175 -ful　…に満ちた

bountiful	[báuntifəl]	(adj.)	豊富な
colorful	[kʌ́lərfəl]	(adj.)	カラフルな
fruitful	[frúːtfəl]	(adj.)	実りの多い
hopeful	[hóupfəl]	(adj.)	希望に満ちた
wonderful	[wʌ́ndərfəl]	(adj.)	素晴らしい

176 -i …国の

Hindi	[híndi:]	(adj.)	北部インドの
Iraqi	[iræki]	(adj.)	イラクの
Israeli	[izréili]	(adj.)	イスラエルの
Pakistani	[pækistæni]	(adj.)	パキスタンの
Saudi	[sáudi]	(adj.)	サウジアラビアの

177 -ial …の性質の、…に関係する

bestial	[béstʃəl]	(adj.)	非人間的な
menial	[mí:niəl]	(adj.)	卑しい
official	[əfíʃəl]	(adj.)	公式の
partial	[pá:rʃəl]	(adj.)	部分的な
provincial	[prəvínʃəl]	(adj.)	地方の

178 -ible …の性質がある、…できる

flexible	[fléksəbl]	(adj.)	柔軟な
irresistible	[ìrizístəbl]	(adj.)	非常に魅力的な
legible	[lédʒəbl]	(adj.)	読みやすい
sensible	[sénsəbl]	(adj.)	良識のある
tangible	[tǽndʒəbl]	(adj.)	触れることのできる

179 -ic …の、…を示す

drastic	[drǽstik]	(adj.)	思い切った
fantastic	[fæntǽstik]	(adj.)	素晴らしい
hectic	[héktik]	(adj.)	非常に忙しい
manic	[mǽnik]	(adj.)	躁病の
spastic	[spǽstik]	(adj.)	けいれん性の

180 -id …の状態の

fervid	[fə́ːrvid]	(adj.)	熱烈な
rabid	[rǽbid]	(adj.)	熱狂的な
splendid	[spléndid]	(adj.)	華麗な
torrid	[tɔ́ːrid]	(adj.)	熱情的な
vivid	[vívid]	(adj.)	鮮やかな

181 -ile …という性質がある、…しやすい

docile	[dάsəl]	(adj.)	おとなしい
facile	[fǽsil]	(adj.)	軽快な
infantile	[ínfəntàil]	(adj.)	幼稚な
mobile	[móubəl]	(adj.)	移動しやすい
tactile	[tǽktil]	(adj.)	触覚の

182 -ing …という状態の＜動詞→形容詞＞

boring	[bɔ́ːriŋ]	(adj.)	退屈な
cunning	[kʌ́niŋ]	(adj.)	狡猾な
exciting	[iksáitiŋ]	(adj.)	人を興奮させる
interesting	[íntərəstiŋ]	(adj.)	面白い
uplifting	[ʌplíftiŋ]	(adj.)	励みになる

183 -ior （相対的な位置、性質を示して）より…な

exterior	[ikstíəriər]	(adj.)	外部の
inferior	[infíəriər]	(adj.)	劣る
interior	[intíəriər]	(adj.)	内部の
posterior	[pɑstíəriər]	(adj.)	後ろの
superior	[səpíəriər]	(adj.)	優れた

184 -ish　…の傾向がある、…のような

boorish	[búəriʃ]	(adj.)	無作法な
boyish	[bɔ́iiʃ]	(adj.)	少年のような
childish	[tʃáildiʃ]	(adj.)	子どもっぽい
foolish	[fúːliʃ]	(adj.)	愚かな
prudish	[prúːdiʃ]	(adj.)	上品ぶった

185 -ite　…の

composite	[kəmpázit]	(adj.)	合成の
contrite	[kəntráit]	(adj.)	悔い改めた
definite	[défɔnit]	(adj.)	明確な
favorite	[féivərit]	(adj.)	お気に入りの
opposite	[ápəzit]	(adj.)	反対の

186 -ive　…性の、…の傾向がある

emotive	[imóutiv]	(adj.)	感情に訴える
expressive	[iksprésiv]	(adj.)	表現力豊かな
informative	[infɔ́ːrmətiv]	(adj.)	有益な
plaintive	[pléintiv]	(adj.)	悲しげな
talkative	[tɔ́ːkətiv]	(adj.)	おしゃべりな

187 -less　…のない、できない

homeless	[hóumlis]	(adj.)	家のない
hopeless	[hóuplis]	(adj.)	望みのない
jobless	[dʒáblis]	(adj.)	仕事のない
listless	[lístlis]	(adj.)	物憂げな
restless	[rétlis]	(adj.)	落ち着きのない

188 -like　…のような、…らしい

catlike	[kǽtlàik]	(adj.)	猫のような
dreamlike	[dríːmlàik]	(adj.)	夢のような
godlike	[gάdlàik]	(adj.)	神のような
ladylike	[léidilàik]	(adj.)	しとやかな
lifelike	[láiflàik]	(adj.)	実物そっくりな

189 -ous　…の多い、…の性質がある

adventurous	[ædvéntʃərəs]	(adj.)	冒険好きな
boisterous	[bɔ́istərəs]	(adj.)	騒々しい
dangerous	[déindʒərəs]	(adj.)	危険な
malicious	[məlíʃəs]	(adj.)	悪意のある
poisonous	[pɔ́izənəs]	(adj.)	有毒な

190 -proof　耐…、防…

bombproof	[bάmprùːf]	(adj.)	爆弾よけの
bulletproof	[búlitprùːf]	(adj.)	防弾の
foolproof	[fúːlprùːf]	(adj.)	だれにでもできる
soundproof	[sáundprùːf]	(adj.)	防音の
waterproof	[wɔ́ːtərprùːf]	(adj.)	防水の

191 -que　…がかった

antique	[æntíːk]	(adj.)	古美術の
burlesque	[bərlésk]	(adj.)	ちゃかした
grotesque	[groutésk]	(adj.)	グロテスクな
oblique	[əblíːk]	(adj.)	斜めの
unique	[juːníːk]	(adj.)	ユニークな

192 -some　…を生じる、…しやすい

awesome	[ɔ́ːsəm]	(adj.)	素晴らしい
cumbersome	[kʌ́mbərsəm]	(adj.)	面倒な
fearsome	[fíərsəm]	(adj.)	恐ろしい
handsome	[hǽnsəm]	(adj.)	ハンサム
worrisome	[wə́ːrisəm]	(adj.)	心配な

193 -ual　…的な

habitual	[həbítʃuəl]	(adj.)	習慣的な
intellectual	[ìntəléktʃuəl]	(adj.)	知的な
sensual	[sénʃuəl]	(adj.)	官能的な
sexual	[sékʃuəl]	(adj.)	性的な
spiritual	[spíritʃuəl]	(adj.)	精神的な

194 -y　…がちの、…の性質がある

cloudy	[kláudi]	(adj.)	曇った
foggy	[fɔ́ːgi]	(adj.)	霧がかかった
rainy	[réini]	(adj.)	雨の
snowy	[snóui]	(adj.)	雪の多い
windy	[wíndi]	(adj.)	風の強い

副詞をつくる

195 -ably …が可能な

comfortably	[kʌ́mftəbli]	(adv.)	気楽に
predictably	[pridíktəbli]	(adv.)	予想通り
preferably	[préfərəbli]	(adv.)	望ましくは
probably	[prɑ́bəbli]	(adv.)	恐らく
suitably	[súːtəbli]	(adv.)	適当に

196 -ibly …なほど

horribly	[hɔ́ːrəbli]	(adv.)	恐ろしく
incredibly	[inkrédəbli]	(adv.)	信じられないほど
irresistibly	[ìrizístəbl]	(adv.)	たまらなく
sensibly	[sénsəbli]	(adv.)	分別よく
terribly	[térəbli]	(adv.)	ひどく

197 -ly …に、…で＜形容詞→副詞／名詞→形容詞＞

gently	[dʒéntli]	(adv.)	優しく
normally	[nɔ́ːrməli]	(adv.)	通常は
quickly	[kwíkli]	(adv.)	すぐに
skillfully	[skílfəli]	(adv.)	巧みに
smoothly	[smúːðli]	(adv.)	スムーズに

198 -wards …の方へ

backwards	[bǽkwərdz]	(adv.)	後方
downwards	[dáunwərdz]	(adv.)	下向き
inwards	[ínwərdz]	(adv.)	内側
outwards	[áutwərdz]	(adv.)	外側
upwards	[ʌ́pwərdz]	(adv.)	上向きに

199 -ways　方向、位置、様態

always	[ɔ́ːlweiz]	(adv.) 常に
crossways	[klɑ́kwèiz]	(adv.) 逆に
endways	[éndwèiz]	(adv.) まっすぐに
lengthways	[léŋkθwèiz]	(adv.) 縦に
sideways	[sáidwèiz]	(adv.) 横向きに

200 -wise　…の方向に、…のように、…の点では

clockwise	[klɑ́kwàiz]	(adv.) 右回りに
crosswise	[krɔ́ːswàiz]	(adv.) 横ざまに
lengthwlse	[léŋkθwàiz]	(adv.) 縦に
likewise	[láikwàiz]	(adv.) 同様に
otherwise	[ʌ́ðərwàiz]	(adv.) そうでなければ

INDEX

A

- [ ] abnormal 002
- [ ] abrupt 002
- [ ] absolve 002
- [ ] abstain 002
- [ ] abuse 002
- [ ] accommodate 157
- [ ] actress 126
- [ ] addressee 116
- [ ] adventurous 189
- [ ] adversary 113
- [ ] advertisement 145
- [ ] aerobics 003
- [ ] aerodrome 003
- [ ] aeroembolism 003
- [ ] aeronautics 003
- [ ] aerosphere 003
- [ ] affect 004
- [ ] affix 004
- [ ] affluent 004
- [ ] afford 004
- [ ] affront 004
- [ ] African 166
- [ ] always 199
- [ ] ambiance 005
- [ ] ambidextrous 005
- [ ] ambient 005
- [ ] ambition 005
- [ ] ambivalent 005
- [ ] ambush 163
- [ ] American 166
- [ ] amoral 001
- [ ] amphibian 006
- [ ] amphibiology 006
- [ ] amphibious 006
- [ ] amphiboly 006
- [ ] amphitheater 006
- [ ] anachronistic 007
- [ ] anarchy 007
- [ ] anesthesia 007
- [ ] anomaly 007
- [ ] anonymous 007
- [ ] antagonism 137
- [ ] antecedent 008
- [ ] antecedent 121
- [ ] antedate 008
- [ ] antelucan 008
- [ ] anterior 008
- [ ] anteroom 008
- [ ] anthology 143
- [ ] anticlimax 009
- [ ] antidepressant 112
- [ ] antidote 009
- [ ] antihistamine 009
- [ ] antipathy 009
- [ ] antiperspirant 009
- [ ] antique 191
- [ ] apathy 001
- [ ] aperture 155
- [ ] applicant 111
- [ ] aquarium 140
- [ ] argument 145
- [ ] armory 150
- [ ] arrival 107
- [ ] asexual 001
- [ ] atheist 001
- [ ] atypical 001
- [ ] authorship 152
- [ ] autoclave 010
- [ ] automated 010
- [ ] automatic 010
- [ ] automaton 010
- [ ] automobile 010
- [ ] aviary 114
- [ ] awesome 192
- [ ] awning 134

B

- [ ] backwards 198
- [ ] baggie 132
- [ ] bakery 124
- [ ] balloon 147
- [ ] barnacle 102
- [ ] befall 011
- [ ] befriend 011
- [ ] behead 011
- [ ] behold 011
- [ ] belittle 011
- [ ] benediction 012
- [ ] benefactor 012
- [ ] beneficent 012
- [ ] benefit 012
- [ ] benevolent 012
- [ ] bestial 177
- [ ] bicycle 013
- [ ] bifurcate 013
- [ ] bilateral 013
- [ ] bimonthly 013
- [ ] biology 143
- [ ] biped 013
- [ ] birdie 132
- [ ] boisterous 189
- [ ] bombproof 190
- [ ] booklet 142

☐ boorish	184	☐ centigrade	016	☐ commemorate	020
☐ boredom	115	☐ centigram	016	☐ commencement	145
☐ boring	182	☐ centiliter	016	☐ commiserate	020
☐ bountiful	175	☐ centimeter	016	☐ compact	020
☐ boxed	171	☐ centipede	016	☐ compassionate	170
☐ boyish	184	☐ chairman	144	☐ complacent	173
☐ Brazilian	166	☐ chamberlain	105	☐ completed	171
☐ brewery	124	☐ chaplain	105	☐ composite	185
☐ brighten	158	☐ cherish	161	☐ computer	123
☐ broaden	158	☐ chiefdom	115	☐ concede	021
☐ building	134	☐ chieftain	105	☐ concordant	021
☐ bulldozer	123	☐ childhood	128	☐ concur	021
☐ bulletproof	190	☐ childish	184	☐ confession	135
☐ burlesque	191	☐ Chinese	125	☐ confidence	119
☐ Burmese	125	☐ cigarette	127	☐ congressman	144
☐ businessman	144	☐ circular	168	☐ connect	021
☐ byline	014	☐ circumambulate	017	☐ considerate	170
☐ bypass	014	☐ circumlocution	017	☐ contain	021
☐ byproduct	014	☐ circumscribe	017	☐ contraband	022
☐ bystander	014	☐ circumspect	017	☐ contradict	022
☐ byword	014	☐ circumvent	017	☐ contraflow	022
		☐ classify	160	☐ contraindicant	022
C		☐ clockwise	200	☐ contravene	022
☐ capacity	139	☐ clothing	134	☐ contrite	185
☐ capitalism	137	☐ cloudy	194	☐ controlled	171
☐ captain	105	☐ coalesce	018	☐ coolant	112
☐ captive	141	☐ coexist	018	☐ cooperate	018
☐ carnage	104	☐ collaborate	019	☐ corporal	108
☐ carriage	104	☐ collate	019	☐ correct	023
☐ cartoon	147	☐ collateral	019	☐ correction	135
☐ catacomb	015	☐ colleague	019	☐ correlation	023
☐ catalog	015	☐ collocation	019	☐ correspond	023
☐ catalyst	015	☐ colorful	175	☐ corroborate	023
☐ catapult	015	☐ columnist	138	☐ corrode	023
☐ cataract	015	☐ combine	020	☐ cosign	018
☐ cater	159	☐ comfort	020	☐ counterattack	024
☐ catlike	188	☐ comfortably	195	☐ counterpart	024
☐ ceiling	134	☐ comic	130	☐ counterpoint	024

275

☐ counterproductive	024
☐ countersign	024
☐ courage	104
☐ courtesan	109
☐ coworker	018
☐ crash	163
☐ criminal	108
☐ critic	130
☐ crossways	199
☐ crosswise	200
☐ cumbersome	192
☐ cunning	182
☐ curtain	106
☐ curvature	155
☐ customary	169
☐ cutlet	142

D

☐ dangerous	189
☐ Danish	136
☐ darkness	146
☐ dash	163
☐ decipherable	164
☐ decorated	171
☐ defendant	111
☐ deference	119
☐ definite	185
☐ dementia	129
☐ denote	025
☐ denounce	025
☐ departure	155
☐ deport	025
☐ depository	150
☐ descend	025
☐ despondent	173
☐ detective	141
☐ detour	025
☐ diagnosis	027

☐ diagnosis	151
☐ diagonal	027
☐ dialect	027
☐ diameter	027
☐ diatribe	027
☐ dichotomy	026
☐ dictatorship	152
☐ dictionary	114
☐ difficulty	156
☐ digest	026
☐ dignitary	113
☐ digress	026
☐ dimension	026
☐ diorama	026
☐ diplomacy	103
☐ disagreement	145
☐ disappear	028
☐ disengage	028
☐ disgusting	028
☐ disinfectant	112
☐ diskette	127
☐ dislike	028
☐ disregard	028
☐ docile	181
☐ doggy	132
☐ dominant	167
☐ dormant	167
☐ dormitory	150
☐ downwards	198
☐ drastic	179
☐ dreamlike	188
☐ drier	123
☐ droplet	142
☐ duality	139
☐ duplicity	139
☐ dysentery	029
☐ dysfunctional	029
☐ dyslexic	029

☐ dyspepsia	029
☐ dystopia	029

E

☐ earthen	172
☐ eastern	174
☐ eating	133
☐ eccentric	130
☐ economics	131
☐ elegance	110
☐ embargo	030
☐ embark	030
☐ embellish	030
☐ emissary	113
☐ emotional	165
☐ emotive	186
☐ empathy	030
☐ employee	116
☐ empower	030
☐ enact	031
☐ endogen	032
☐ endoparasite	032
☐ endoplasm	032
☐ endoscope	032
☐ endoskeleton	032
☐ endurance	110
☐ endways	199
☐ engineer	117
☐ English	136
☐ enjoin	031
☐ enlighten	158
☐ enrage	031
☐ enrich	031
☐ entrust	031
☐ epicenter	033
☐ epilepsy	033
☐ epilogue	033
☐ epitaph	033

☐ epithet	033	☐ fatherhood	128	☐ grotesque	191		
☐ establish	161	☐ favorite	185	☐ gymnasium	140		
☐ estuary	114	☐ fearsome	192				
☐ ethics	131	☐ fervid	180	**H**			
☐ eulogy	034	☐ finish	161	☐ habitual	193		
☐ euphemism	034	☐ fishery	124	☐ handsome	192		
☐ euphony	034	☐ flexible	178	☐ harpoon	147		
☐ euphoria	034	☐ flourish	161	☐ hectic	179		
☐ euthanasia	034	☐ foggy	194	☐ heterodox	040		
☐ excavate	035	☐ foolish	184	☐ heterogeneous	040		
☐ exciting	182	☐ foolproof	190	☐ heterograft	040		
☐ exclude	035	☐ forbid	038	☐ heteronomous	040		
☐ existence	119	☐ forebear	039	☐ heterosexual	040		
☐ exodus	036	☐ forebode	039	☐ Hindi	176		
☐ exogamy	036	☐ foreground	039	☐ homeless	187		
☐ exoskeleton	036	☐ foretell	039	☐ Homo sapiens	041		
☐ exosphere	036	☐ forewarn	039	☐ homogeneous	041		
☐ exothermal	036	☐ forget	038	☐ homologous	041		
☐ expel	035	☐ forgive	038	☐ homonym	041		
☐ explorer	122	☐ forlorn	038	☐ homophone	041		
☐ export	035	☐ forsake	038	☐ honesty	156		
☐ expressive	186	☐ fortunate	170	☐ hopeful	175		
☐ exterior	183	☐ fountain	106	☐ hopeless	187		
☐ extracurricular	037	☐ freedom	115	☐ horribly	196		
☐ extraordinary	037	☐ friendship	152	☐ horrify	160		
☐ extrapolate	037	☐ fruitful	175	☐ horror	149		
☐ extraterrestrial	037	☐ fugitive	141	☐ hospitalize	162		
☐ extravagant	037	☐ furnace	101	☐ hostess	126		
☐ exude	035			☐ humor	149		
		G		☐ hyperactive	042		
F		☐ gently	197	☐ hyperacute	042		
☐ facile	181	☐ globule	154	☐ hypermarket	042		
☐ facilitate	157	☐ gnash	163	☐ hypersensitive	042		
☐ faction	135	☐ godlike	188	☐ hypertension	042		
☐ factory	150	☐ golden	172	☐ hypodermic	043		
☐ falter	159	☐ granule	154	☐ hypoglycemia	043		
☐ fantastic	179	☐ gravel	118	☐ hypotension	043		
☐ farmer	122	☐ greatness	146	☐ hypothermia	043		

277

☐ hypothesis	043	☐ interject	047	☐ kitty	132
☐ hysteria	129	☐ international	047	☐ Korean	166
☐ hysteric	130	☐ interplay	047		
		☐ interwoven	047		

I

L

		☐ intramural	048	☐ ladylike	188
☐ idealist	138	☐ intraparty	048	☐ latent	173
☐ ignoble	044	☐ intrauterine	048	☐ laughable	164
☐ ignominious	044	☐ intravascular	048	☐ leaden	172
☐ ignominy	044	☐ intravenous	048	☐ leaflet	142
☐ ignorance	044	☐ investor	148	☐ legible	178
☐ ignorance	110	☐ inwards	198	☐ lengthen	158
☐ ignorant	167	☐ Iraqi	176	☐ lengthways	199
☐ ignore	044	☐ irredeemable	049	☐ lengthwise	200
☐ immature	045	☐ irregular	049	☐ lifelike	188
☐ immensity	139	☐ irrelevant	049	☐ lighter	123
☐ immobilize	045	☐ irreparable	049	☐ likelihood	128
☐ immoral	045	☐ irresistible	178	☐ likewise	200
☐ imperfect	045	☐ irresistibly	196	☐ listless	187
☐ impossible	045	☐ irresponsible	049	☐ literacy	103
☐ inaccurate	046	☐ isogeny	050	☐ local	165
☐ incorrect	046	☐ isometric	050	☐ lovable	164
☐ incredibly	196	☐ isotonic	050	☐ lunar	168
☐ independence	119	☐ isotope	050	☐ luxuriant	167
☐ inductee	116	☐ isotropic	050		
☐ inept	046	☐ Israeli	176		

M

☐ infantile	181				
☐ inferior	183	## J		☐ macrobiotic	052
☐ informal	046	☐ Japanese	125	☐ macroclimate	052
☐ informative	186	☐ jealousy	156	☐ macrocosm	052
☐ ingredient	121	☐ jobless	187	☐ macroeconomics	052
☐ inhabitant	111			☐ macrometer	052
☐ insane	046	## K		☐ malcontent	053
☐ insomnia	129			☐ malfunction	053
☐ instance	110	☐ kilobyte	051	☐ malicious	053
☐ intellectual	193	☐ kilogram	051	☐ malicious	189
☐ interact	047	☐ kilojoule	051	☐ malodorous	053
☐ interesting	182	☐ kilometer	051	☐ malpractice	053
☐ interior	183	☐ kilovolt	051	☐ manager	122
		☐ kitchenette	127	☐ mania	129

☐ manic	179	☐ milliliter	058	**N**			
☐ manure	155	☐ millimeter	058				
☐ marionette	127	☐ millipede	058	☐ natural	165		
☐ marriage	104	☐ millisecond	058	☐ necessitate	157		
☐ marshal	108	☐ miracle	102	☐ neighborhood	128		
☐ martyrdom	115	☐ mirror	149	☐ neocolonialism	062		
☐ mash	163	☐ misaligned	059	☐ Neolithic	062		
☐ mastery	156	☐ misinformed	059	☐ neologism	062		
☐ mayor	148	☐ misnomer	059	☐ neonatal	062		
☐ mechanic	130	☐ mistake	059	☐ neophyte	062		
☐ mediate	157	☐ mistrust	059	☐ Nepalese	125		
☐ megabyte	054	☐ mixer	123	☐ neurosis	151		
☐ megalith	054	☐ mobile	181	☐ nominate	157		
☐ megalomaniac	054	☐ model	118	☐ nonconformist	063		
☐ megaphone	054	☐ modern	174	☐ nonexistent	063		
☐ megaton	054	☐ modernize	162	☐ nonplussed	063		
☐ menace	101	☐ modesty	156	☐ nonsense	063		
☐ mendicant	111	☐ modify	160	☐ nonsmoker	063		
☐ menial	177	☐ module	154	☐ normally	197		
☐ mental	165	☐ molecule	154	☐ northern	174		
☐ Mesolithic	055	☐ molten	172	☐ notary	113		
☐ mesomorphic	055	☐ momentary	169	☐ notoriety	153		
☐ Mesopotamia	055	☐ monogamous	060	☐ nunnery	124		
☐ mesosphere	055	☐ monograph	060				
☐ Mesozoic	055	☐ monopoly	060	**O**			
☐ metabolism	056	☐ monosyllabic	060	☐ object	064		
☐ metachrosis	056	☐ monotone	060	☐ oblique	064		
☐ metamorphosis	056	☐ morsel	118	☐ oblique	191		
☐ metaphor	056	☐ mountain	106	☐ obscene	064		
☐ metaphysical	056	☐ mountaineer	117	☐ obtuse	064		
☐ methodology	143	☐ mousie	132	☐ obvious	064		
☐ microeconomics	057	☐ multifaceted	061	☐ official	177		
☐ microfiche	057	☐ multimillionaire	061	☐ omnidirectional	065		
☐ microphone	057	☐ multinational	061	☐ omnipotent	065		
☐ microscope	057	☐ multiplex	061	☐ omnipresent	065		
☐ microwave	057	☐ multitask	061	☐ omniscient	065		
☐ military	114	☐ museum	140	☐ omnivorous	065		
☐ milligram	058			☐ opposite	185		

279

☐ ornithology	143	☐ passionate	170	☐ postscript	073
☐ otherwise	200	☐ patient	120	☐ potent	173
☐ outwards	198	☐ payee	116	☐ precedent	121
☐ overcast	066	☐ pennant	112	☐ predestined	074
☐ overcharge	066	☐ perfect	070	☐ predictably	195
☐ overestimate	066	☐ perform	070	☐ preferably	195
☐ overlook	066	☐ performer	122	☐ premature	074
☐ oversee	066	☐ pericenter	071	☐ prenatal	074
☐ overseer	122	☐ perigee	071	☐ preschool	074
☐ ownership	152	☐ perimeter	071	☐ president	120
		☐ periphery	071	☐ preview	074

P

		☐ periscope	071	☐ priesthood	128
☐ pacify	160	☐ perish	161	☐ primacy	103
☐ painting	134	☐ persistence	119	☐ privacy	103
☐ Pakistani	176	☐ personality	139	☐ private	170
☐ paleobotany	067	☐ persuade	070	☐ probably	195
☐ paleography	067	☐ pertain	070	☐ proceed	075
☐ Paleolithic	067	☐ pervade	070	☐ profiteer	117
☐ paleontology	067	☐ phonics	131	☐ prognosis	151
☐ Paleozoic	067	☐ physical	165	☐ prolong	075
☐ pamphlet	142	☐ pianist	138	☐ proposal	107
☐ pamphleteer	117	☐ pinnacle	102	☐ propriety	153
☐ pancreas	068	☐ plaintive	186	☐ proscribe	075
☐ pandemic	068	☐ planetarium	140	☐ prospect	075
☐ pandemonium	068	☐ plantain	106	☐ protect	075
☐ panorama	068	☐ platoon	147	☐ protector	148
☐ pantheon	068	☐ poisonous	189	☐ protocol	076
☐ paradox	069	☐ politics	131	☐ protogenic	076
☐ paranoia	069	☐ polygamy	072	☐ protoplasm	076
☐ paranoia	129	☐ polyglot	072	☐ prototype	076
☐ paranormal	069	☐ polymer	072	☐ protozoa	076
☐ paraphernalia	069	☐ Polynesia	072	☐ provincial	177
☐ parasite	069	☐ polytheism	072	☐ prudish	184
☐ parcel	118	☐ postdate	073	☐ pseudograph	077
☐ partial	177	☐ posterior	073	☐ pseudohistorical	077
☐ partisan	109	☐ posterior	183	☐ pseudology	077
☐ partnership	152	☐ posthumous	073	☐ pseudonym	077
☐ passage	104	☐ postpone	073	☐ pseudoscientific	077

☐ psychosis	151	☐ retrograde	080	☐ sexual	193
☐ puritan	109	☐ retrospect	080	☐ shopping	133
		☐ rival	108	☐ sideways	199

Q

		☐ romance	110	☐ similar	168
☐ quadrangle	078	☐ running	133	☐ skillfully	197
☐ quadrennial	078			☐ sleeping	133
☐ quadricycle	078			☐ smoothly	197

S

☐ quarter	078			☐ snowy	194
☐ quartet	078	☐ salesman	144	☐ sobriety	153
☐ quickly	197	☐ saloon	147	☐ society	153
		☐ Samoan	166	☐ soften	158
		☐ sanctuary	114	☐ softness	146

R

		☐ sanitarium	140	☐ solace	101
☐ rabid	180	☐ satchel	118	☐ solitary	169
☐ racism	137	☐ satisfy	160	☐ soloist	138
☐ rainy	194	☐ Saudi	176	☐ solvent	121
☐ rascal	108	☐ schedule	154	☐ soundproof	190
☐ reactivate	079	☐ seamstress	126	☐ southern	174
☐ realize	162	☐ secede	081	☐ space	101
☐ reassign	079	☐ secret	081	☐ Spanish	136
☐ rebuild	079	☐ secretary	113	☐ spastic	179
☐ recital	107	☐ secure	081	☐ spectator	148
☐ refectory	150	☐ sedentary	169	☐ spiritual	193
☐ refinery	124	☐ sedition	081	☐ splendid	180
☐ refusal	107	☐ select	081	☐ spokesman	144
☐ regular	168	☐ self-assured	082	☐ standardize	162
☐ reiterate	079	☐ self-destructive	082	☐ stardom	115
☐ relative	141	☐ self-discipline	082	☐ stepbrother	084
☐ reluctant	167	☐ self-employed	082	☐ stepfather	084
☐ representative	141	☐ self-made	082	☐ stepmother	084
☐ republican	109	☐ semiannual	083	☐ stepsister	084
☐ resident	120	☐ semicircle	083	☐ stepson	084
☐ respondent	120	☐ semicolon	083	☐ stewardess	126
☐ restless	187	☐ semiconductor	083	☐ stimulant	112
☐ resume	079	☐ semiofficial	083	☐ student	120
☐ reticent	173	☐ sensible	178	☐ stupor	149
☐ retroactive	080	☐ sensibly	196	☐ submarine	085
☐ retrofit	080	☐ sensual	193	☐ subscribe	085
☐ retroflex	080	☐ sexism	137		

281

☐ substandard	085	☐ synthesis	091	☐ triceratops	094
☐ subterranean	085			☐ trident	094
☐ subway	085	**T**		☐ trident	121
☐ suitably	195	☐ tabernacle	102	☐ trilogy	094
☐ superficial	086	☐ tactics	131	☐ trilogy	143
☐ superintendent	086	☐ tactile	181	☐ tripod	094
☐ superior	086	☐ talented	171	☐ truism	137
☐ superior	183	☐ talkative	186	☐ tuberculosis	151
☐ superlative	086	☐ talking	133	☐ tubular	168
☐ supersonic	086	☐ tangible	178	☐ Turkish	136
☐ supralegal	087	☐ telegram	092		
☐ supramundane	087	☐ telegraph	092	**U**	
☐ supranational	087	☐ telephone	092	☐ ultraconservative	095
☐ supranatural	087	☐ telescope	092	☐ ultrahigh	095
☐ supraorbital	087	☐ television	092	☐ ultrasensitive	095
☐ supremacy	103	☐ temporary	169	☐ ultrasound	095
☐ surface	088	☐ tenant	111	☐ ultraviolet	095
☐ surmount	088	☐ tenderness	146	☐ unbiased	096
☐ surpass	088	☐ tenement	145	☐ underground	097
☐ surplus	088	☐ tension	135	☐ underling	097
☐ survey	088	☐ tentacle	102	☐ underlying	097
☐ surveyor	148	☐ tenure	155	☐ underpin	097
☐ suspect	089	☐ terrace	101	☐ understandable	164
☐ suspend	089	☐ terrain	106	☐ underwrite	097
☐ suspension	135	☐ terribly	196	☐ unicycle	098
☐ suspicious	089	☐ terror	149	☐ uniform	098
☐ sustain	089	☐ terrorize	162	☐ unilateral	098
☐ sustenance	089	☐ torrid	180	☐ unimportant	096
☐ Swedish	136	☐ total	107	☐ unimpressed	096
☐ symbiotic	090	☐ towelette	127	☐ uninterested	096
☐ symbol	090	☐ trainee	116	☐ unique	191
☐ sympathy	090	☐ transaction	093	☐ unison	098
☐ symphony	090	☐ transatlantic	093	☐ universe	098
☐ symposium	090	☐ transcend	093	☐ unmoved	096
☐ synergy	091	☐ transfer	093	☐ uplifting	182
☐ synonym	091	☐ transmit	093	☐ upwards	198
☐ synopsis	091	☐ treatable	164		
☐ syntax	091	☐ triangle	094		

V

- ☐ variety 153
- ☐ veteran 109
- ☐ vice admiral 099
- ☐ vice chairman 099
- ☐ vice president 099
- ☐ vice principal 099
- ☐ viceroy 099
- ☐ Vietnamese 125
- ☐ villain 105
- ☐ violinist 138
- ☐ vivid 180
- ☐ volunteer 117

W

- ☐ waitress 126
- ☐ wander 159
- ☐ waterproof 190
- ☐ waver 159
- ☐ weakness 146
- ☐ western 174
- ☐ whisper 159
- ☐ windy 194
- ☐ withdraw 100
- ☐ withdrawing room 100
- ☐ withdrawn 100
- ☐ withhold 100
- ☐ withstand 100
- ☐ wonderful 175
- ☐ wooden 172
- ☐ worrisome 192

アンドルー・E・ベネット
略歴
アメリカ出身。カリフォルニア大学サンタクルーズ校で歴史学の学士号を、ハーバード大学で教育学の修士号を取得。1993年より英語教育に携わり、外国語としての英語を学ぶための教材開発を専門とするライターとして数多くの教室用教材と自習書を執筆。日本では、Reading Pass シリーズや Reading Fusion シリーズ、Grammar Plus などが、南雲堂より出版されている。どの教材にも、言語に対する著者の深い洞察と、彼自身がスペイン語、フランス語、ドイツ語、中国語、日本語を学ぶことで得られた知見が反映されている。彼が心がけていることは、英語学習教材を、実用性に富み、今の時代に即し、楽しんで学ぶことのできるものにすることである。

著作権法上、無断複写・複製は禁じられています。

語源で一気にマスター英単語 ＜接頭辞・接尾辞まとめ編＞

2013年7月6日　1刷

著　者——アンドルー・ベネット
　　　　　ⓒ 2013 by Andrew E. Bennett
発行者——南雲　一範
発行所——株式会社　南雲堂
　　　　　〒162-0801　東京都新宿区山吹町361
　　　　　電話: 03-3268-2311(代表)
　　　　　FAX: 03-3260-5425
　　　　　振替口座　00160-0-46863
イラスト／Irene Fu　　装丁／銀月堂　　カバー写真撮影／松蔭浩之
印刷所／啓文堂　　製本所／松村製本所

Printed in Japan　〈検印省略〉
乱丁、落丁本はご面倒ですが小社通販係宛ご送付ください。
送料は小社負担にてお取替えいたします。

ISBN 978-4-523-26517-7　C0082

E-mail　nanundo@post.email.ne.jp
URL　http://www.nanun-do.co.jp/

大学英語テキストで大ヒットを飛ばし続ける教材開発の
カリスマ、アンドルー E. ベネット氏渾身の シリーズ！
姉妹編『語源で一気にマスター英単語〈語根まとめ編〉
好評発売中！

アンドルー・E. ベネット著
A5判　256ページ 定価(本体1,400円+税)

ベネット先生の
イラスト付き
語源で一気にマスター英単語
〈語根まとめ編〉

cord

port

chron

● **音声フリーダウンロード付き** ●

- ◉ 単語学習効果に定評のある語源中心の英単語集です。
- ◉ 学習効率向上のためのイラストを効果的に配置！
- ◉ 実績のあるネイティブによる例文の提示！
- ◉ 学習に便利な赤色暗記シート付き！

南雲堂

語源学習書の決定版!!

A LEARNER'S LEXICON: English Etymology

語源中心英単語辞典

田代正雄 著

四六判　370ページ　定価（本体 2,000 円＋税）

これ一冊で英単語約 5000 語が身につきます。

100 の接頭語、118 の接尾語、240 の語根をとりあげ、潜在する語彙力の強化を狙う活用辞典。
大学生、予備校生、社会人に大好評！

南雲堂

南雲堂の
英単語ピーナツほど
おいしいものはないシリーズ

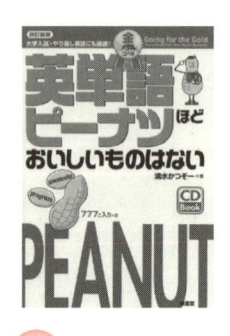

金 メダルコース 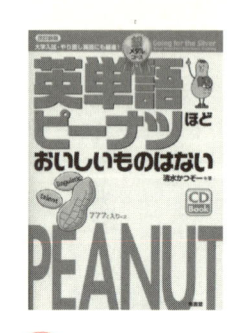　　**銀** メダルコース 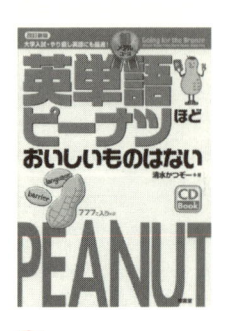　　**銅** メダルコース

村上式シンプル英語勉強法〔ダイヤモンド社刊〕で
米google 副社長（当時）　**村上憲郎**氏　おすすめ教材！
TOEIC®テストに頻出の英単語が満載。必読の一冊です！

元祖！　発信型の単語集！
やっぱりシンプルなのが一番身につく！
100回音読して自分の言葉に変えろ！
東進ハイスクール講師　**安河内 哲也**氏　大推薦！

清水かつぞー著
各定価（本体1000円＋税）
フルカラー 四六判 CD付き

音声とコロケーション（連語）
　　　で覚える画期的な単語集！

スピード感がたまらない！　誰もが自在に使いこなせる無類の単語集！
精選されたテーマ別連語（ピーナツ）で合理的に覚えられる！

南雲堂の
英単語ピーナツほど
おいしいものはないシリーズ

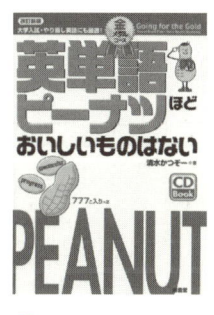

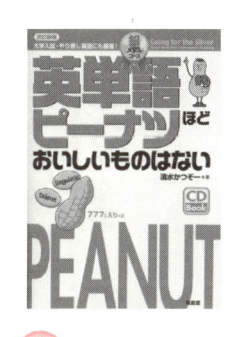

金 メダルコース　　**銀** メダルコース　　**銅** メダルコース

村上式シンプル英語勉強法〔ダイヤモンド社刊〕で
米 google 副社長（当時）**村上憲郎氏　おすすめ教材！**
TOEIC®テストに頻出の英単語が満載。必読の一冊です！

元祖！　　発信型の単語集！
やっぱりシンプルなのが一番身につく！
100回音読して自分の言葉に変えろ！
東進ハイスクール講師　**安河内 哲也氏　大推薦！**

清水かつぞー著

各定価（本体 1000 円＋税）
フルカラー 四六判 CD 付き

音声と**コロケーション**（連語）
　　　　で覚える画期的な**単語集！**

スピード感がたまらない！　誰もが自在に使いこなせる無類の単語集！
精選されたテーマ別連語（ピーナツ）で合理的に覚えられる！

語源学習書の決定版！！

語源中心英単語辞典

田代正雄 著

四六判　370 ページ　定価（本体 2,000 円＋税）

これ一冊で英単語約 5000 語が身につきます。

100 の接頭語、118 の接尾語、240 の語根をとりあげ、潜在する語彙力の強化を狙う活用辞典。
大学生、予備校生、社会人に大好評！

南雲堂